Para

com votos de paz.

Divaldo Franco
Pelo Espírito Joanna de Ângelis

Encontro com a Paz e a Saúde

Série Psicológica Joanna de Ângelis
Vol. 14

Salvador
5. ed. – 2022

©(2007) Centro Espírita Caminho da Redenção – Salvador, BA.
5. ed. (4ª reimpressão) – 2022
1.000 exemplares (milheiro: 33.000)

Revisão: Plotino Ladeira da Matta
　　　　 Lívia Maria Costa Sousa
Editoração eletrônica: Lívia Maria Costa Sousa
Capa: Cláudio Urpia
Coordenação editorial: Lívia Maria Costa Sousa
Produção gráfica:
　　　 LIVRARIA ESPÍRITA ALVORADA EDITORA
　　　 Telefone: (71) 3409-8312/13 – Salvador, BA
　　　 Homepage: <www.mansaodocaminho.com.br>
　　　 E-mail: <leal@mansaodocaminho.com>
　　　 Dados Internacionais de Catalogação na Publicação (CIP)
　　　　　　　　 (Catalogação na fonte)
　　　　　　　 Biblioteca Joanna de Ângelis

F825　FRANCO, Divaldo Pereira.
　　　　　Encontro com a paz e a saúde. 5. ed. / Pelo Espírito
　　　　Joanna de Ângelis [psicografado por] Divaldo Pereira Franco
　　　　Salvador: LEAL, 2022. (Série Psicológica, volume 14).
　　　　　232 p.
　　　　　ISBN: 978-85-8266-004-1
　　　　　1. Espiritismo 2. Psicologia 3. Saúde
　　　　　I. Franco, Divaldo　II. Título

　　　　　　　　　　　　　　　　　　　　　　　CDD: 133.93

DIREITOS RESERVADOS: todos os direitos de reprodução, cópia, comunicação ao público e exploração econômica desta obra estão reservados, única e exclusivamente, para o Centro Espírita Caminho da Redenção. Proibida a sua reprodução parcial ou total, por qualquer meio, sem expressa autorização, nos termos da Lei 9.610/98.

Impresso no Brasil
Presita en Brazilo

SÚMULA

Encontro com a paz e a saúde   07

1 EXPERIÊNCIAS HUMANAS E
   EVOLUÇÃO DO PENSAMENTO   13
   Processo antropossociopsicológico   16
   Processo religioso e legislativo   22
   Encontro com a plenitude   29

2 CRISES E TURBULÊNCIAS   35
   Crises existenciais   39
   Crises sociais   44
   Crises gerais   50

3 AUTODESAMOR   57
   Autocondenação   59
   Autopiedade   64
   Autoconsciência   68

4 COMPORTAMENTOS CONFLITIVOS   75
   Machismo   77
   Feminismo   83
   Direitos igualitários   88

5 RELACIONAMENTOS AFETIVOS ANGUSTIANTES   93
   Separações litigiosas masculinas   97
   Separações litigiosas femininas   101
   Separações harmônicas   106

6 Transtornos mentais e obsessivos 111
    Transtorno esquizofrênico 115
    Transtorno obsessivo 119
    Diversidade das obsessões 125

7 A conquista da felicidade 133
    O que é felicidade 137
    Como conseguir a felicidade 142
    Prazer e felicidade 147

8 Reflexões sobre a sexualidade 151
    Polaridades sexuais e suas funções 155
    Compromissos ético-morais em relação à conduta sexual 159
    Sexo, saúde e vida 164

9 A conquista da consciência 169
    Heranças inconscientes 173
    Despertar da consciência 178
    Consciência plena 184

10 Em busca da iluminação interior 191
    A iluminação interior 193
    Processo de autoiluminação 197
    Conquista da iluminação interior 202

11 Epifenômeno da vida e da morte 209
    Vida e morte biológicas 213
    O Self imortal 218
    Fenomenologia transpessoal 225

Encontro com a Paz
e a Saúde

Analisando-se o atual comportamento humano, não padece dúvida de que a sociedade terrestre encontra-se enferma.

Os altos índices da violência individual e coletiva que assola o mundo apresentam-se assustadores, numa triste demonstração da predominância dos atavismos ancestrais, que não foram superados pelo advento da razão, do discernimento, dos sentimentos de amor.

A agressividade ronda as existências, ameaçando-as de extermínio sob todos os aspectos considerados: sejam a Natureza em si mesma, os vegetais, os animais e os demais seres humanos...

A perversidade e a hediondez dão-se as mãos, ampliando as forças em favor da desordem e do primitivismo.

Sucessivas ondas de criminalidade avolumam-se e espraiam-se incessantes, a quase tudo e todos arrastando para o abismo do desespero.

O desrespeito às leis e a indiferença pelo destino da Humanidade aumentam o pânico nas pessoas mais frágeis e a depressão, resultante também de muitos outros fatores, torna-se de natureza pandêmica.

As massas parecem anestesiadas pelo sofrimento, havendo perdido o rumo e a confiança em melhor futuro, deixando-se arrastar por líderes inescrupulosos que as hipnotizam, na Política, na Economia, na Religião, nos divertimentos vulgares e promíscuos, mediante os quais lhes amolentam os últimos bastiões de dignidade e de respeito pela vida.

A paz, atemorizada, não consegue atrair para os seus programas todos quantos anelam pela sua presença no coração, mas não sabem como consegui-la.

Há desvios de toda ordem, levando a lugar nenhum, nesses caminhos tortuosos da busca da saúde e da autorrealização.

Governos e associações dedicados ao Bem não encontram ressonância nas consciências nacionais e internacionais para a erradicação da pobreza, das doenças e de outros males que se propagam velozmente.

Tentativas de salvamento do planeta são rejeitadas com descaso por nações poderosas, e, enquanto proclamam os direitos humanos que desrespeitam, afastam-se das conferências que tentam manter a igualdade das raças, em total desprezo pela liberdade que proclamam e fingem defender mediante o uso de armas destrutivas...

Ameaças de guerras hediondas pairam no ar, como se a sociedade não se encontrasse em conflitos declarados e não declarados, exaurindo os cofres do poder econômico, que poderiam ser abertos para a solidariedade, através da educação, do trabalho remunerado, da saúde, da extinção de enfermidades cruéis que se instalaram e permanecem no mundo...

A arrogância de uns poderosos e a submissão humilhante de outros deles dependentes demonstram a predominância da força bruta sobre a inteligência e os valores morais, proclamando a vitória da insensatez sobre o equilíbrio...

Encontro com a paz e a saúde

    Inegavelmente, os horizontes do futuro apresentam-se, do ponto de vista imediato, sombreados pelo desespero e pela anarquia, porquanto é visível e assustadora a presença do crime de todo jaez ante os braços cruzados da cultura submetida ao talante dos dominadores de um dia...
    Apesar dessa paisagem triste, que se vem alastrando pelos diversos quadrantes do orbe terrestre, uma tênue luz de esperança começa a diluir-lhe as sombras dominantes, no rumo de um meio-dia claro de sol e de bênçãos.

    Essas infelizes ocorrências são os frutos espúrios dos tormentos individuais, daqueles que dominam as pessoas, assinalando-as com as aflições.
    Como a sociedade influi no comportamento individual, este, por sua vez, é o aglutinador do grupo social, interdependendo-se mutuamente, em incessante fluxo de energias.
    Embora as soluções devam ser propostas pelos grupamentos, será no indivíduo que se devem trabalhar as bases do ajustamento, as diretrizes do reequilíbrio, os valores éticos em benefício da sua saúde física, emocional, psíquica e moral, ante o compromisso inadiável da aquisição da paz.
    Todo o empenho possível deve ser direcionado ao cidadão deste momento, que se encontra aturdido, assim como às gerações novas que deverão ser atendidas com carinho e programas educacionais sérios, de modo a recuperar-se a saúde geral e salvar o planeta que padece a alucinação dos seus habitantes.
    Indispensável, pois, se torna, a formação de uma cultura de amor, porquanto é necessário aprender-se a amar, superan-

do-se os conflitos internos e modificando os sentimentos que se armam contra, quando deveriam desarmar-se para somente amar, facultando a instalação de um clima existencial de respeito pela vida em todas as suas expressões.

Aprofundar-se a sonda investigadora das causas das aflições humanas no cerne do ser constitui dever de todos, de modo a encontrarem-se as causas profundas e predominantes, geratrizes da conjuntura perturbadora, erradicando-as e substituindo-as por outras de caráter dignificante.

O indivíduo, na sua condição de célula básica do grupo social, necessita de orientação e acompanhamento, de oportunidade para o exercício da sua cidadania, de recursos que lhe promovam o bem-estar e a dignidade.

As doutrinas materialistas infelizmente vêm contribuindo cada vez mais em favor do desconserto moral da criatura humana, oferecendo-lhe uma visão pessimista do mundo e da existência, desse modo, contribuindo em favor do utilitarismo e do imediatismo, da preocupação exclusiva consigo mesma, em detrimento das demais, como se alguém pudesse viver feliz com o egoísmo e a indiferença em torno da sua realidade de ser imortal.

O ser integral está além do corpo físico, devendo ser considerado como o princípio inteligente *que é,* o envoltório semimaterial *que o reveste, e* a forma física *em que se movimenta enquanto no processo da evolução terrestre.*

Responsável pelos atos que pratica, semeia e colhe conforme o nível de evolução em que se encontra, avançando, incessantemente, no rumo da sua destinação gloriosa, que é a perfeição relativa que o aguarda.

Nesse sentido, o Espiritismo oferece-lhe um valioso arsenal de experiências e de conhecimentos que o capacitam para os enfrentamentos internos e as refregas externas, preparan-

Encontro com a paz e a saúde

do-o para a valorização da vida, o autoconhecimento, a fim de penetrar na área onde dormem as seguras diretrizes para a felicidade, que devem ser despertadas.

Portador da mais excelente psicoterapia para o equilíbrio e a ventura, centra os seus valiosos recursos no exercício do amor, ampliando-o em chamas de iluminação libertadora da ignorância, que culmina em a vivência da caridade.

Assim pensando, propomos, na presente Obra, uma ponte entre as admiráveis páginas de O Livro dos Espíritos, *de Allan Kardec, e o Evangelho de Jesus, portadores de grande atualidade em todas as suas expressões com a Psicologia Profunda, assim como também com a Transpessoal.*[1]

Esta é a contribuição de um grão de mostarda na seara imensa das doutrinas psicológicas, assim como de terapêuticas valiosas para a recuperação da saúde humana e a sua paz.

Reconhecemos o seu pequeno significado, mas resolvemo-nos por oferecê-la, assim mesmo, especialmente em homenagem ao Sesquicentenário de O Livro dos Espíritos, *do egrégio codificador Allan Kardec, este especial tratado de higiene mental e psicoterapêutico, em gratidão ao mestre lionês pelo invulgar trabalho de construção do novo mundo, da sociedade feliz do futuro.*

Salvador, 24 de dezembro de 2006.

JOANNA DE ÂNGELIS

---

[1] As citações de *O Livro dos Espíritos*, de Allan Kardec, foram extraídas da 29. ed. da FEB, em tradução do Dr. Guillon Ribeiro. As que se referem ao Evangelho de Jesus, retiramo-las da tradução segundo o original grego (sem citar o autor), publicado pelas Sociedades Bíblicas Unidas - Londres, Nova York e Rio de Janeiro (nota da autora espiritual).

1
Experiências humanas e evolução do pensamento

Processo antropossociopsicológico • Processo religioso e legislativo • Encontro com a plenitude

Indubitavelmente, o Espírito modela o corpo através do perispírito, conforme as necessidades da sua evolução. Cada conquista granjeada, cada experiência adquirida, amplia-lhe as possibilidades de construção dos equipamentos orgânicos indispensáveis aos novos cometimentos, mediante os quais se liberta dos limites em que se detém, adquirindo novas faculdades iluminativas.

Assim, as experiências iniciais desenvolveram-lhe o *Complexo R* ou cérebro réptil, preparando as áreas para o futuro cérebro mamífero, mediante o qual melhor se expressariam os animais portadores de mais amplas complexidades, tanto para a sobrevivência do espécime mais forte, assim como para o desenvolvimento de aptidões significativas, que culminariam no surgimento do neocórtex e de toda a sua intrincada aparelhagem para a manifestação da inteligência, do discernimento, do sentimento, da emoção, da paranormalidade...

Dessa fase primária até o período em que se lhe inicia o processo de humanidade, todo um pego se faz de experiências no Mundo espiritual como no físico, definindo os rumos necessários à verticalização do corpo e sua ascensão de natureza moral, que se manifesta nos pródromos da sensibilidade emocional, definidora de rumos futuros.

O pensamento arcaico vigente nesse estágio como homem primitivo representava uma grosseira manifestação do Psiquismo Divino de que se fazia herdeiro natural, em face da sua origem, obnubilado, porém, pelos equipamentos cerebrais incapazes da decodificação das ideias e do entendimento dos fenômenos que defrontava no *habitat* terrestre agressivo e hostil.

Todo ele apresentando-se como um formidando aglomerado de automatismos que se expressavam através dos *instintos primários* – a reprodução, a alimentação e o repouso – a sua era uma experiência instintiva, contínua, sem qualquer contato com a realidade que o cercava.

Dispondo apenas da observação não racional, fenomênica pela repetição dos acontecimentos, experienciava o sofrimento asselvajado através das sensações de dor, de frio, de calor, não conseguindo compreender a sua razão, e muito menos como comportar-se diante dele.

Nutrindo-se de raízes e de frutos como os demais animais, por onde transitara o seu psiquismo, esse condicionamento herdado das vivências antigas impulsionava-o a dar-se conta das diferentes manifestações da claridade e da sombra, da chuva e da seca, das nevascas e da sua ausência, dos seres que desapareciam ou que deixavam de mover-se como antes faziam, da sua decomposição orgânica, da agressividade dos animais ferozes e de outros seres, seus semelhantes, diferentes apenas dos ancestrais pela forma de equilibrar-se em dois pés...

Vigia, no seu cérebro, incapaz de entender as ocorrências, o pensamento vago, não concatenado, que se foi ampliando através das fixações dos acontecimentos que o induziam a compreender o tempo através do aparecimento do Sol e da Lua, das suas fases de presença e de ausência, das intempéries, dos fenômenos sísmicos, da hostilidade do meio ambiente em que se encontrava...

A ausência do pensamento lógico e as circunstâncias em que se movimentava facultavam-lhe a manifestação muito primária do *arquétipo primordial*, em forma arcaica, imprimindo no cérebro as impressões repetitivas que desenvolveriam, a longas penas, o *Self* encarregado de transferir para as existências futuras, graças aos inconscientes coletivo e individual, os recursos preservadores dessas experiências.

Esse automatismo, *pensamento primitivo* – o amor de Deus no cerne do ser em desabrochamento – repetia as façanhas do primarismo animal, quando, por exemplo, a fera lambendo e limpando o filho expressaria, no futuro, o ósculo materno na face do ser que lhe nasce do ventre. Enquanto alguns desses animais ainda devoram a placenta e retiram os líquidos adesos ao corpo do recém-nascido com a língua, a mulher-mãe, hoje, acompanha o asseio do ser amado com deslumbramento e recebe-o nos braços, quando não lhe é colocado sobre o corpo, a fim de que ele continue experimentando a segurança que desfrutava no reduto intrauterino em que se desenvolveu durante nove meses...

Todo um processo evolutivo se desencadeou através dos sucessivos milênios, desde as formas antropoides até o *Homo tecnologicus*, no qual o pensamento racional amplia a sua capacidade e torna-se *virtual*, adquirindo recursos para alcançar os parâmetros cósmicos, numa abrangência de ser *numinoso*, conforme a visão profunda de Rudolf Otto, o admirável filósofo e teólogo alemão.

Processo antropossociopsicológico

O psiquismo humano lentamente desenvolveu-se através das sucessivas investiduras carnais, transferindo cada conquista realizada para a nova etapa, de modo que se transformasse em possibilidade de crescimento e de riqueza interior.

Vivendo na floresta, onde tudo se apresentava agressivo, automaticamente esse hominídeo que trazia da sua origem – o Mundo espiritual – alguns registros em forma de condicionamentos psíquicos, estes dados impulsionavam, embora muito lentamente, o cérebro a criar componentes neuronais para as funções pertinentes, que deveriam ser utilizadas no futuro, nas etapas mais nobres do seguimento intelecto-moral.

Desse modo, o medo surgiu-lhe como a primeira emoção, acompanhando as sensações primárias do prazer alimentar, do repouso e do sexo, que se irá transferir, de geração em geração, até aos nossos dias, nas variantes de receio, pavor, fobias...

Em face disso, resultado também do desconforto ante as intempéries, começou a copiar os animais, cobrindo-se de folhas, peles, nos climas frios, ou mantendo-se despido, nos quentes, logo se refugiando na furna, onde experimentou segurança.

Esse fenômeno desenvolveu-lhe o *pensamento arcaico* ou *pré-mágico*, responsável pelo *instinto de conservação da vida*, com mais definição do que a soberania do mais forte, que permanecerá por longos pélagos até mesmo na atualidade.

Encontro com a paz e a saúde

A observação das árvores que se incendiavam, quando as descargas elétricas das tempestades as atingiam, ou graças à autocombustão das que eram resinosas, nos fortes períodos de estio, impeliu-o a atritar pedaços de madeira e de pedras, copiando a ocorrência natural, assim produzindo faíscas e descobrindo o fogo, de inestimável serventia. Esse fogo o aqueceu no inverno, ajudou-o a espantar os elementos perturbadores – animais e outros semelhantes a ele – facilitando-lhe, mais tarde, na caça e na pesca, o assar e cozer dos alimentos. Não poucas vezes, queimando-se nas chamas, com as fagulhas ou o calor intenso, começou a perceber pelo pensamento o significado das labaredas e a sua posterior utilidade.

O *arquétipo primordial*, que nele jazia, proporcionou-lhe o sentimento de proteção à prole, também vigente nas faixas anteriores da evolução por onde transitara, desenhando a futura constituição do clã, da família biológica, ensaio natural para a organização daquela de natureza universal.

A furna era-lhe segurança, agasalho, porque o defendia dos inimigos: os animais ferozes e humanos outros; no entanto, vitimado uma que outra vez por eles, saiu do abrigo na furna para construir as primeiras habitações, ora no alto das árvores, ora no solo, apesar de rudimentares, que se foram tornando mais complexas, conforme as necessidades lhe impunham em forma de mais garantia e agrado, preservando-lhe a vida.

As sensações, lentamente, abriram-lhe espaço mental para as emoções elementares, iniciais, acompanhando o pensamento em formação, ainda *arcaico*, a mais amplo desenvolvimento.

Não tendo a capacidade de entender as ocorrências, especialmente aquelas de natureza destrutiva, experienciou a estranha emoção do medo asselvajado, que o fazia fugir, tendo em vista que, nas vezes em que as enfrentou, foi, por elas, vitimado. A repetição contínua produziu-lhe o que hoje se denomina como a experiência do *centésimo macaco*, conforme o Dr. Lyall Watson. A investigação consistiu em serem atiradas por cientistas observadores do comportamento dos símios, após a Segunda Guerra Mundial, batatas-doces aos macacos que viviam na Ilha Koshima, e que, embora as recolhessem, não as podiam comer, mesmo tentando, porque ficavam sujas com areia. Um, porém, de nome *Imo*, designação que lhe foi atribuída, pela primeira vez as lavou e comeu-as, sendo imitado pelos demais que, oportunamente, as lavaram também, proporcionando ao alimento um sabor especial. Quando o centésimo macaco repetiu a façanha, todos os demais, de todas as ilhas do Oceano Pacífico, sem nenhum contato, passaram igualmente a lavá-las.

Esse fantástico fenômeno de transmissão de experiências, sem contato direto, certamente aconteceu com os homens primitivos que, diante do medo, vivenciaram o avançar ou recuar, optando pela fuga, exceto quando, em faixa mais adiantada em relação ao pensamento, reuniam-se para a caça de animais de muito maior porte, usando objetos agressivos, tais como pedras lascadas, polidas, lanças, armadilhas... Nada obstante, o enfrentamento direto sempre os impulsionou à fuga, à busca de proteção e de manutenção da vida.

O medo, decorrente do fenômeno da perda da sobrevivência, instalou-se-lhe em forma inconsciente, como a problemática da morte, que ainda constitui para a criatura contemporânea, enriquecida pela Ciência e pela tecnologia, fator primacial de transtornos de conduta, especialmente no que se refere à depressão, quando se trata da desencarnação de alguém querido ou da própria pessoa.

Inconscientemente, muitas vezes, ressuma nos indivíduos esse pavor da morte, tornando-se patológico, desesperador, tendo a causa remota no inconsciente coletivo – o medo das devastadoras forças ignotas do passado – e a próxima, no individual, como reminiscência de fenômenos atormentantes relativos à existência anterior desencadeadora do conflito.

A evolução é lei inevitável, e entre uma e outra reencarnação eram fomentadas experiências evolutivas na erraticidade, preparando o perispírito para modelações neuronais e fisiológicas propiciadoras de conquistas na área desse pensamento *pré-mágico*, quando as ideias eram como fantasias do inconsciente, transformadas em *realidade*, dando lugar às construções das palafitas, das excursões pelos rios, pântanos e lagos, encontrando outros seres semelhantes e deixando-se arrastar pelos acontecimentos imprevisíveis.

As observações em torno da Natureza fizeram-se mais aguçadas, tendo lugar a imitação dos sons animais, que abriu espaço para as primeiras comunicações rupestres, grafadas nas rochas que os abrigavam ou não, iniciando-se a verbalização, mediante sinais e sons articulados, que se imprimiram nos refolhos da alma, transferindo-se de uma para outra geração até a formação das palavras, sua elaboração gráfica, o êxito gramatical e fonético.

Começando a saber como comportar-se diante das forças desconhecidas e temerárias que dominavam a Terra, esse homem, agora *sonhador*, desenvolveu o *pensamento mitológico ou mágico*, fascinado pela abundância de expressões vivas à sua volta, perturbadoras umas, abençoadas outras, podendo situar-se com equilíbrio no solo, passando às edificações trabalhadas com refinamento ou não, protetoras e seguras.

A pouco e pouco, vinha dominando o solo, ensementando-o e colhendo o resultado do esforço, compreendendo as estações felizes e as difíceis, aprendendo a armazenar para os períodos menos prósperos, equipando-se de instrumentos que o habilitavam para uma existência mais confortável e amena, descobrindo, a seguir, os metais: cobre, ferro, bronze... E modificando a estrutura externa do planeta.

Surgiram as trocas de mercadorias com outros grupos humanos, compatibilizando a produtividade com a procura, até quando foram transformadas essas permutas em objetos de valor, raros e preciosos, em moedas...

O *pensamento mágico* avançou para a conquista de um novo estágio, *o egocêntrico*, que nele jazia em forma de belicosidade, de ambição desmedida, de reivindicação de direitos, de propriedade, de poder...

Essa fase tormentosa incitou-o ao recrudescer da violência, sempre quando não conseguia obter o que desejava pela persuasão e reavivava-lhe os instintos agressivos, que o tornavam insensato, preparando-o para o avanço no rumo da razão que reflexiona, compreendendo que o mundo a todos pertence e a vida é patrimônio superior, que não pode nem deve ser malbaratada por questiúnculas de significado nulo ou pernicioso.

O *pensamento racional* com mais dificuldade passou a dirigir-lhe os atos, a ampliar-lhe o conhecimento, a fazê-lo melhor entender os mecanismos existenciais e as infinitas possibilidades de realização que se lhe encontram à disposição, dando lugar à Ciência, à tecnologia, à informática, às comunicações virtuais, às telecomunicações, diminuindo os espaços físicos do planeta, prolongando a existência orgânica e tornando-a menos aflitiva, e propondo a legítima fraternidade que a todos deve unir... No entanto, ainda está longe do alcance desse objetivo ímpar, em razão da variedade imensa de biótipos que se encontram em processo de desenvolvimento espiritual e moral.

Enquanto alguns já podem pensar mediante concepções abstratas em torno da vida e dos seus valores éticos, outros homens e mulheres ainda caminham pesadamente na sociedade, vivenciando experiências primárias do seu processo evolutivo, gerando situações conflitivas, exigindo recursos severos e educativos para melhor entrosamento nos diferentes grupos sociais pelos quais transitam.

É certo que, não necessariamente, houve uma evolução em períodos adrede fixados, ou em fases limítrofes, ocorrendo, sem dúvida, *saltos quânticos* na escala da conquista do pensamento, de modo que somente nos últimos dez mil anos, aproximadamente, é que o raciocínio, o discernimento, a consciência passaram a instalar-se no ser humano, ensejando-lhe melhores reflexões em torno da vida.

Compreensivelmente, após o longuíssimo trânsito pelos instintos e reflexos condicionados, o breve tempo em que foi conquistado o *pensamento lógico*, este ainda não facultou ao *Homo sapiens* superar os automatismos a que se encontra fixado, para melhor agir, em vez de sempre reagir.

Os seus arquétipos ainda permanecem agressivos e defensivos, a sua conduta é mais do *ego* do que do *Self*, impondo-lhe contínuo esforço para *domar as más inclinações*, conforme acentua com propriedade o nobre codificador do Espiritismo, Allan Kardec.

A moderna Psicologia propõe-lhe essa mesma formulação, mediante a superação dos atavismos perturbadores em benefício das aquisições de bem-estar e harmonia, no equilíbrio psicofísico que lhe deve viger em forma de saúde integral.

(...) E porque a mente não tem limites, o pensamento avança em soberania na conquista da experiência cósmica ou transpessoal, ampliando ao infinito as possibilidades humanas durante a vilegiatura do Espírito na Terra.

Certamente, já existem muitos conquistadores do *pensamento cósmico*, que se têm tornado, através dos milênios, *avatares, gurus, mestres, artistas, filósofos, fundadores de religiões, guias da Humanidade, santos e apóstolos, mártires da fé e dos ideais*, enfim, também todos quantos têm feito das suas existências exemplos de dignificação e de amor, de sabedoria e de beleza, vexilários que são dos futuros dias felizes.[2]

Processo religioso e legislativo

O pavor vivenciado ante as forças brutais da Natureza, inspirou ao homem primitivo a ideia de que a vida mata para poder viver. Em toda parte ele observava a destruição e o renascimento, embora não soubesse aquilatar ou denominar tais acontecimentos. Mas o suceder intérmino do binômio movimento e paralisia, ou vida e morte, levou-o à percepção

---

[2] Utilizamo-nos do estudo realizado pelo Prof. Dr. Emilio Mira y López, sobre *O Pensamento*, que tem por base o desenvolvimento intelectual infantil. Fizemos uma ampliação da respeitável tese, relacionando-a com o processo da evolução humana em reflexões de nossa exclusiva responsabilidade (nota da autora espiritual).

Encontro com a paz e a saúde

das forças indomáveis que o agrediam ou beneficiavam-no, sem que as pudesse controlar.

Foi esse o seu primeiro sentimento religioso defluente do medo, nascendo a ideia de matar para estar bem, a fim de poder viver, tendo lugar as primeiras tentativas de holocaustos humanos, grosseiros, a princípio, e sofisticados depois, como maneira de entrar em contato com os fenômenos que ultrapassavam a sua capacidade de administração ou domínio.

Essa ocorrência, porém, além da brutalidade evolutiva do ser humano, resultava do intercâmbio que se iniciava, em forma de inspiração defluente de entidades espirituais ainda grosseiras, que o conduziam no processo de crescimento intelecto-moral, demonstrando-lhe que se acalmavam com o ato hediondo, vampirizando o sangue das vítimas ou comprazendo-se na trágica ocorrência. Impuseram-se como os primeiros deuses, cujos cultos se apresentavam asselvajados, no mesmo nível daqueles que o praticavam. Isto porque, no seu estado como Espíritos também primitivos, *necessitavam* dessa energia para que pudessem continuar como instrumentos dos venerandos cooperadores da evolução terrestre, que os utilizavam em razão de maior afinidade com os cômpares terrenos.

A Lei, então, era a natural – a da sobrevivência do espécime mais forte.

Paleontólogos, em estudos avançados, na sua grande maioria, acreditam que desde há 60.000 anos o *homem de Neandertal* já apresentava conduta religiosa, certamente primitiva, como pródromo dos aprimorados cultos que surgiriam no futuro...

Lentamente, à medida que se lhe foi desenvolvendo a capacidade de entender a vida, acompanhando os fenômenos do tempo, das circunstâncias do meio ambiente, das lutas encarniçadas que sempre eram travadas, o psiquismo captou as fórmulas mais compatíveis para a submissão e convivência menos agressiva. Mediante a comunicação oral, continuando mais gestual que verbal, surgiram as formas que, repetidas, se transformariam nos rituais ainda vigentes em diversas religiões, como heranças incontestáveis daqueles períodos da evolução.

A descoberta do fogo tornou-se um avançado passo no mecanismo da evolução hominal, ensejando punições aos agressores, inimigos do clã ou membros dele, que se não submetiam ao natural domínio do mais brutal. O medo se expressou como a melhor forma de imposição em relação ao respeito tribal, à divisão da caça, à preservação do clã, à constituição da família.

Os deslocamentos dos grupos, em face das austeridades climáticas, exigiam obediência às lideranças, consequentemente, automatizando-se-lhes os hábitos de ordem primitiva, como ensaios de futuras atividades sociais.

O período agrário impôs-se como contingência alimentar, as comunicações fizeram-se mais espontâneas, os silvos e gritos transformaram-se em articulações verbais, dando lugar ao entendimento entre os diferentes membros da comunidade tribal.

Espontaneamente, surgiram os rudimentos da mediunidade em alguns paleantropídeos, tornando-se a interferência dos Espíritos mais direta, de forma que o grupo étnico avançou para experiências mais socializadoras e tementes ao Criador...

Enquanto o pensamento desenvolveu-se, também se alterou a prática *religiosa*, agora em expressão politeísta,

Encontro com a paz e a saúde

refletindo-se na variedade dos seres que amparavam ou que prejudicavam as tribos.

O despertamento para as doenças e disfunções do organismo levou os sensitivos sob a inspiração dos Espíritos, à prática ritual de processos favoráveis à saúde, à libertação das influências danosas, ou aos prejuízos contra os seus inimigos, através dos holocaustos animais, superada a fase dos sacrifícios humanos, como pródromo de respeito ao seu semelhante.

Esses intérpretes transformaram-se em *xamãs ou feiticeiros*, e, temidos, pelos poderes de que davam mostras, passaram a ser os primeiros chefes, confundindo-se os poderes administrativos e religiosos que permaneceriam por muitos milênios nas sociedades terrestres...

O processo cultural se foi sedimentando através das experiências repetitivas, das reminiscências de outras existências, do despertar do psiquismo divino nele jacente e foram expressos em forma rudimentar, inicialmente, nas referidas escritas rupestres, em as narrações imaginosas, *pré-mágicas*, gravando nas memórias as notícias que passaram de uma para outra geração, cada vez mais astuciosa e hábil...

O *culto religioso* expressou a necessidade de ser-se leal ao clã, obediente ao chefe, colocando a vida à disposição do grupo. O *pensamento racional*, vinculado às heranças egocêntricas, facultou o surgimento do castigo relacionado à forma como foi cometido o ato de insubordinação, posteriormente denominado crime, para servir de exemplo aos demais indivíduos – Lei ou pena de Talião, também chamada de antiga.

A inevitável evolução do ser humano favoreceu-o com a lenta compreensão dos fundamentos existenciais, também, em razão da chegada, à Terra, de seres de dimensões espirituais fora do Sistema Solar, em expiação moral, portadores, no entanto, de grande desenvolvimento intelectual, que trouxeram informações mais profundas e verdadeiras em torno da vida.

Surgiram as civilizações da Antiguidade Oriental, os cultos religiosos diferenciados, as leis necessárias, quais o *Código de Hamurabi*, posteriormente, o *Decálogo Mosaico*, a romana *Lex Duodecimi Tabularum*, a *Lei de Amor*, de Jesus...

Nasceu o conceito revelado do Deus Único, de Israel, o Monoteísmo assumiu diferentes formas, nas deidades também da Índia governadas por Brahma, no pensamento filosófico e mitológico da Grécia, de Roma, dos diferentes povos, graças aos seus arquétipos e às suas revelações contínuas provindas do Mundo espiritual.

A mediunidade tornou-se mais ostensiva e as comunicações mais frequentes, mais lúcidas, fossem aquelas que tinham lugar nos santuários, como aqueloutras que ocorriam naturalmente conforme as circunstâncias, com o objetivo de guiar as criaturas humanas.

Automaticamente, a partir de Jesus, já não se tornaram mais necessários os holocaustos humanos ou animais, embora prevalecessem em muitos povos, primitivos uns, civilizados outros com variações de métodos, para chegar, na atualidade, à conclusão de que *o sacrifício mais agradável a Deus é o da transformação moral do indivíduo.*

As religiões multiplicaram-se de acordo com as necessidades dos grupos sociais, as faixas predominantes de pensamento, os estágios antropológicos, ainda existindo algumas de expressões primitivas e outras metafísicas, ensejando a visão cósmica da Divindade e dos Seus atributos.

É compreensível o viger no *Self* de todas essas heranças ancestrais, apresentando os biótipos humanos em condutas variadas, nas suas complexidades múltiplas, vivenciando experiências transatas de que não se libertaram, conflitos profundos ou superficiais remanescentes dos períodos pelos quais transitaram.

Nos arquivos do inconsciente coletivo encontram-se registradas todas essas experiências da evolução, mas cada indivíduo preserva as próprias memórias no seu inconsciente individual, avançando, sem dúvida, com as *bengalas psicológicas* de que necessita, sem as quais mais difícil se lhe tornaria o processo de autoconsciência.

À medida que ressumam os conflitos decorrentes de vivências doentias, que se manifestam como tormentos destrutivos, de sua existência ou da de outrem, as ocorrências do barbarismo não superadas retornam, necessitando de racionalização, de enfrentamento lógico ou de psicoterapia apropriada para a libertação, avançando no rumo de conquistas mais compatíveis com o nível de civilização contemporânea.

As leis tornaram-se mais equânimes, embora ainda predominem as injustiças sociais, a dominação do mais forte, como indivíduo ou como nação, a intimidação através dos poderes econômico, político ou bélico, como heranças infelizes de que a sociedade não se pôde liberar, o ser humano respira clima emocional de melhor segurança.

Como é muito lenta a evolução da inteligência e a conquista dos valores ético-morais, o egoísmo continua propelindo às conquistas da Ciência e da tecnologia, que sem respeito à vida ameaçam-na de extinção, pelo abuso de alguns povos, mediante a poluição da atmosfera – através de gases venenosos e metais pesados – dos mares, dos rios, dos lagos, da destruição das florestas e de muitas vidas vegetais e animais, pela agressão ao seu meio ambiente.

Indubitavelmente, esse efeito é fruto amargo da poluição mental e do atraso moral do ser humano, que ainda não atingiu o nível do *pensamento cósmico*, demorando-se no *racional–egocêntrico*.

Como efeito lamentável, o medo volta a perturbar o ser humano, a ansiedade, a solidão tomam-no por inteiro e os conflitos fazem-se epidêmicos, levando-o às fugas espetaculares na depressão, na esquizofrenia, no distúrbio do pânico, ou ao consumo exagerado do álcool, do tabaco, das drogas aditivas e mesmo dos medicamentos psicotrópicos, alguns dos quais mal aplicados, resultando em efeitos não menos danosos do que as doenças e transtornos que deveriam recuperar...

Aumentam os suicídios diretos e os indiretos, bem como a agressividade que desborda em violência urbana, filha espúria de outras violências ocultas ou veladas socialmente, que são também responsáveis pela miséria social, econômica, educacional, da saúde, do repouso, da alimentação...

Vicejam, paralelamente, algumas doutrinas religiosas ainda vinculadas ao fanatismo, à discriminação de raças, contra a mulher, contra as demais crenças que não sejam as exaradas pelos seus líderes.

Ninguém pode deter o amanhecer, estabelece velho brocardo oriental. Da mesma forma, o progresso não pode ser detido, porque os seres humanos, que, às vezes, o postergam, passam, retornando ao proscênio da matéria, a fim de crescerem emocional e espiritualmente, iluminando-se e iluminando o mundo que lhes serve de colo de mãe e de escola para a aquisição da sabedoria...

Encontro com a plenitude

O lento e seguro processo de desenvolvimento do *Self*, adquirindo as inestimáveis conquistas do pensamento e ampliando-lhe o campo das emoções, faculta-lhe a aquisição do nível cósmico, diluindo as exigências do *ego*, de forma que se lhe integra nos objetivos essenciais e inevitáveis para a autorrealização em plenitude como ser humano.

Desde o *homem de Cro-Magnon* ao biótipo *sapiens sapiens* todo o crescimento de valores psicológicos vem-lhe ocorrendo mediante experiências repetitivas, nas quais *o erro e o acerto* têm definido o caminho a ser trilhado com sabedoria, sem o impositivo do sofrimento.

Essa grandiosa marcha de sublimação opera-se no Espírito, que desabrocha todo o divino potencial de que se encontra possuidor, avançando no rumo da cosmovisão, numinoso e feliz.

Os conflitos naturais que foram herdados em decorrência de anteriores comportamentos, nessa fase, encontram-se solucionados no seu próprio campo, mediante os impulsos do *arquétipo primordial* que os propeliram à visão global da Humanidade como um todo, no qual a *célula* individual executa um papel fundamental, harmonizando-se com todas as outras que constituem o conjunto.

Nada obstante, até ser alcançado o estágio transpessoal, muitos resíduos desses experimentos evolutivos permanecem nos períodos diversos do pensamento, assinalando a criatura com as marcas aflitivas, que se apresentam como transtornos de conduta emocional, perturbações psíquicas sutis ou profundas, complexos e repressões de vária ordem...

O fato de atingir-se o pensamento superior não implica, de início, a ausência de dificuldades existenciais que são detectadas, especialmente em razão do entendimento dos significados da vida apresentarem-se mais amplos e expressivos, sem os limites estabelecidos pelo *ego* antes dominador.

Uma análise cuidadosa, porém, da individualidade, auxilia a reestruturação da psique, facultando o esforço para a libertação das dificuldades, das fugas psicológicas, da culpa, do medo, da ansiedade, da solidão, identificando o profundo bem-estar que se deriva da alegria de viver de maneira saudável e jovial, sem tormento nem aflição.

O pensamento harmônico propicia, então, o equilíbrio psicofísico, em face das infinitas possibilidades de que dispõe a mente, especialmente no que se refere ao dualismo saúde/doença, trabalhando pela conquista possível da plenitude, mesmo durante a jornada carnal. Certamente que essa conquista não se trata de uma autorrealização que conduz ao egoísmo, a uma indiferença pelo que se passa em volta. Antes, significa uma conscientização das próprias responsabilidades diante da vida em favor do Si e da sociedade, sem o que, a cosmovisão ainda se apresenta limitada, necessitando de amplitude e de realização.

Sem qualquer dúvida, o ser psicológico é também biossocial, devendo promover o grupo no qual se encontra, e vivenciando os efeitos desse meio, num saudável intercâmbio de vivências emocionais, culturais, profissionais, tecnológicas, religiosas...

Transforma-se, então, num dinâmico agente da evolução geral, tornando-se em exemplo de vitória sobre as vicissitudes durante o curso de suas grandiosas realizações, sem amarras com o passado de onde procede nem angústias em relação ao futuro para onde se dirige.

O seu é o tempo atual, rico de possibilidades de autoiluminação e não o linear, em face da amplitude de entendimento da vida e das suas inestimáveis contribuições. O ontem se lhe converteu em hoje e o amanhã estagia num incessante momento atual de compreensão do papel que lhe cabe desempenhar a benefício pessoal e social.

A conquista do pensamento cósmico apresenta-se, portanto, sob vários aspectos, sem limite nem fixação unívoca, ampliando-se pelas diversas áreas do conhecimento artístico, cultural, filosófico, religioso, científico, moral... Por serem facetas da mesma realidade eterna.

Ludwig van Beethoven, nada obstante surdo, atingiu o pensamento cósmico no momento da composição da Nona Sinfonia, o mesmo acontecendo a Händel, ao escrever o *Aleluia*, no extraordinário *Messias*.

Não somente eles, porém, mas toda uma extensa galeria de homens e de mulheres que alcançaram o pensamento cósmico, logrando a plenitude e prosseguindo no trabalho ininterrupto, sem deixar-se dominar pelo estado pleno, diminuindo o esforço de edificação dos ideais, antes, pelo contrário, mais se afadigando por alcançar patamar ainda mais grandioso na escala da evolução.

No caso em tópico, não desapareceram muitos dos conflitos existenciais que os tipificavam, em razão dos impositivos castradores da época em que viveram, dos atavismos ancestrais, das frustrações sexuais e afetivas que, de alguma forma, impeliram-nos para os ideais que abraçaram como caminho de libertação, como processo psicoterapêutico salvador.

Não fossem esses os seus compromissos iluminativos e ter-se-iam alienado, mergulhando em transtornos de grave porte. Muitos deles, conquistadores do infinito, apresentaram-se algo estranhos ao conceito convencional, por vivenciarem experiências pertinentes ao pensamento cósmico, embora sem libertação dos níveis anteriores.

Da mesma forma como um estágio do pensamento depende daquele que foi vencido, nem sempre dele liberado, o vislumbrar do cósmico pode apresentar-se com *tintas* próprias decorrentes das fixações ainda não diluídas e pertinentes ao curso de crescimento.

O pensamento cósmico é, sem dúvida, o mais alto nível a ser conquistado pelo ser humano enquanto na roupagem física, no entanto, outros mais significativos existem fora dos limites do corpo, aguardando o infinito.

Krishna, Buda, Akhenaton, Sócrates, Paulo de Tarso, Agostinho de Hipona, Descartes, Allan Kardec, entre outros muitos vitoriosos são exemplos grandiosos da conquista da plenitude, da cosmovisão, em cujo período de realização, e logo após, abriram os braços à posteridade num grande convite para a integração de todos os indivíduos na família universal.

Jesus Cristo, porém, *Guia e Modelo da Humanidade*, é o exemplo máximo da harmonia e da cosmo-realização, de tal modo que, superando todo e qualquer impulso egoico, doou-se em regime de totalidade ao Amor, para que todos aqueles que O desejassem seguir, experimentassem *Vida em abundância*.

É muito confortador poder-se perceber que a superação dos instintos, graças à evolução do pensamento e da razão, constitui fenômeno natural, ao alcance de todos os seres humanos que, após ultrapassadas as fases mais primárias do processo antropológico, aspiram à conquista das metas reservadas à angelitude.

Em uma imagem poética, o *Self* sai da escuridão no rumo da luz, qual o diamante que se liberta do envoltório grosseiro em que se esconde, a fim de poder refletir na sua face límpida, após a lapidação, o brilho das estrelas.

Temas para reflexão

540 – Os Espíritos que exercem ação nos fenômenos da Natureza operam com conhecimento de causa, usando do livre-arbítrio, ou por efeito de instintivo ou irrefletido impulso?

"Uns sim, outros não. [...] Primeiramente, executam. Mais tarde, quando suas inteligências já houverem alcançado certo desenvolvimento, ordenarão e dirigirão as coisas do mundo material. Depois, poderão dirigir as do mundo moral. É assim que tudo serve, que tudo se encadeia na Natureza, desde o átomo primitivo até o arcanjo, que também começou por ser átomo. Admirável lei de harmonia, que o vosso acanhado espírito ainda não pode apreender em seu conjunto!"

(KARDEC, Allan. *O Livro dos Espíritos.*)

"Assim resplandeça a vossa luz diante dos homens, para que vejam as vossas boas obras, e glorifiquem a vosso Pai, que está nos céus."

(Mateus, 5: 16)

2
Crises e turbulências

Crises existenciais • Crises sociais • Crises gerais

O vocábulo crise provém do sânscrito *kri* ou *kir*, significando *desembaraçar* ou *purificar*, dando origem às palavras *acrisolar, crisol...*

Desse modo, uma crise pode ser considerada como um crisol (substância química) que depura das gangas o ouro e outros metais preciosos, quando levados às caldeiras nas quais são derretidos.

Por outro lado, deriva-se do grego *krísis*, que se pode interpretar como uma mudança, um conflito que tem lugar em uma fase qualquer da vida, em razão de acontecimentos internos que não foram superados diante de outros que surgem com energias novas.

Todo processo de evolução, nos mais variados aspectos, experimenta periodicamente crises resultantes de avaliações que examinam os métodos comportamentais utilizados, abrindo espaço para novos investimentos, para experimentos outros ainda não tentados.

A crise é uma necessidade sociológica e psicológica, facultando melhor aproveitamento das oportunidades existentes, ensejando a coragem para serem realizadas mudanças de paradigmas assim como de condutas, sempre objetivando resultados mais saudáveis e práticos.

Da mesma forma como a crise se apresenta em caráter de falta, de luta, de transformação, também propicia novos rumos, conceituações compatíveis com as épocas e suas estruturas éticas, morais, sociais.

O mundo contemporâneo encontra-se em crise de valores, mas também em convulsão interna, na adaptação das placas tectônicas, nos fenômenos sísmicos disso consequentes, nas erupções vulcânicas, tempestades, ciclones – que sempre ocorreram na acomodação do planeta ao equilíbrio cósmico – assim como a sociedade que o habita, resultado das convulsões experimentadas pelas criaturas.

O homem, cuja palavra se deriva de *húmus – terra fértil –*, do mesmo modo encontra-se em turbulência, como resultado da crise de valores em que se apoia, descobrindo que tudo à sua volta sofre os efeitos desse distúrbio, talvez necessário, no momento, a fim de surgirem novos conceitos e comportamentos.

Em toda parte no Universo existe um sentido de cooperação e não de competição, enquanto as criaturas humanas combatem-se, dominadas pelos interesses escusos em que se apoiam.

A sociedade é um todo, que deveria ser harmônico, mas os preconceitos nascidos no egoísmo e na prepotência dividiram-na em grupos étnicos, sociais, raciais, culturais, comportamentais, religiosos, de onde se destacaram inumeráveis subgrupos sempre divisórios no que deveria ser unidade.

Os preconceitos são frutos espúrios da crise moral que atormenta o indivíduo insatisfeito com a própria conduta, exigindo privilégios para si, em face da insegurança psicológica no trato relacional com o seu próximo.

Esse comportamento tem levado a Humanidade à autodestruição, porque os grupos antagônicos reagem, uns contra os outros, tornando as crises existenciais verdadeiras guerras, que empurram para o fundo poço do desespero, do aniquilamento...

Torna-se inevitável uma reação de lógica e de compreensão: ou todos se unem em benefício do ideal comum, ou todos são arrastados pela caudal da loucura.

Nessa luta cotidiana, é impossível a sobrevivência do vitorioso, caso ocorresse o surgimento de algum, indivíduo, grupo, nação ou continente, porque logo tombaria, vitimado em si mesmo, sobre os despojos do vencido.

Toda cooperação, pois, torna-se necessária e urgente, a fim de que a grande crise que domina os quadrantes do planeta e todas as criaturas sencientes, especialmente humanas, possa viger nas consciências e nos pensamentos dos geradores de crises.

O próprio planeta sofre a devastação em diversas áreas, como efeito da crise de respeito pela vida, pela Natureza, pela mãe Terra, sendo indispensável que haja uma renovação de conceito em torno da sua preservação imediata, antes que o caos se estabeleça por definitivo.

É certo que a Natureza possui recursos próprios de autorrenovação, de autorreconstrução, necessitando, porém, de tempo e de condições propiciatórias para o cometimento que o ser humano não lhe faculta.

Então padece o efeito das chuvas ácidas, do envenenamento por metais pesados que extinguem o ozônio, intoxicam o oxigênio, alterando o clima em face do degelo dos polos, das neves *eternas*, com a consequente aridez de terras antes férteis, desaparecimento de lagos e mares, aumento do volume de águas dos oceanos, desaparecimento paulatino de água potável, ameaças de todo lado...

Somente uma crise de consciência humana e sociológica poderá despertar aqueles que destroem o *habitat*, facultando-lhes a compreensão da responsabilidade e do respeito pelas imposições naturais do equilíbrio cósmico.

A inconsciência em torno da vida, o abuso dos recursos naturais, os exageros industriais e a prepotência de algumas nações respondem pelo estado em que se encontra a Terra, ameaçada e sem meios de superar a injunção, caso não sejam tomadas medidas salvadoras urgentes em favor da vida...

Tudo por efeito da crise moral que assalta o homem e a mulher dos últimos tempos, já lúcidos a respeito dos mecanismos planetários, mas indiferentes aos seus efeitos, como se não lhes interessassem o futuro, no qual, pensam, por certo, não estarão...

Engodo que se origina no conceito materialista em torno da morte como fim da vida, olvidando-se a Lei do Progresso e a de Causa e Efeito, vigentes em toda parte, mediante as quais o retorno ao caminho da evolução é inevitável, através da reencarnação, quando colherão a aspereza daquilo que estabeleceram durante a vilegiatura carnal anterior, quando depredaram, agrediram, destruíram as dádivas do Amor de Deus em a Natureza...

Na raiz dessas crises, porém, encontra-se a ambição econômica dos seres humanos imediatistas, que tudo investem em favor do poder e do ter, na desenfreada pretensão de reunir bens materiais e consumistas, que o tempo se encarrega de demonstrar quão inúteis são em realidade. Pensando apenas

Encontro com a paz e a saúde

em si e não no grupo, esses estúrdios entesouram de qualquer maneira, atormentados pela sede de afirmação da personalidade no grupo social, pela ânsia do destaque, em face do autodesamor de que são portadores e da falta de confiança pessoal. Necessitam do aval da sociedade, para convencer-se de valores que sabem não possuir.

Então surgem os desastres mediante as grandes crises individuais, coletivas e planetárias, que tomam conta destes conflitivos dias.

Crises existenciais

Em face dos avanços científicos e tecnológicos apressados e das ambições individuais quanto coletivas, na busca insana de mais acumular e desfrutar, surgiu quase que de golpe a insatisfação pelo que se tem, pelo já conseguido, dando lugar ao *vazio existencial*, responsável por conflitos íntimos preocupantes.

As moles humanas, desnorteadas, em face das falsas necessidades de acumular e de desfrutar, ao lado das ânsias desmedidas pelo prazer, fogem para as depressões coletivas ou para a violência, esperando encontrar nas ações agressivas o gozo que vem perdendo o sentido de gratificação.

Eis, então, os dislates de toda ordem, a sofreguidão para chamar a atenção, para a autorrealização exterior, em face da frustração por não a haver conseguido internamente.

Surgem, inevitavelmente, as crises de comportamento, resultantes dos conflitos da emoção.

Embora, algumas vezes, a crise seja o portal de acesso a novas realizações, a revisão de valores que já se encontram superados e permanecem em vigência dificultando o acesso ao crescimento e à realização, na conjuntura conflitiva, torna-se tormento pessoal.

Durante a sua vigência, porque instalada em turbulência mental, com dificuldade de raciocínio e de discernimento, produz desequilíbrios variados.

Inicialmente, apresenta-se como falta de motivação para o prosseguimento dos objetivos que se vinha perseguindo e que perderam o significado psicológico, porque a saturação, que se fez inevitável, necessita de estímulos fortes para romper a sua couraça constritora.

A insatisfação, disso decorrente, perturba o humor e a alegria de viver, cede lugar ao tédio, à indiferença em relação a tudo quanto antes constituía enriquecimento interior e júbilo existencial.

Há, inevitavelmente, em todo processo de evolução, uma forma de descontinuidade, que se encarrega de gerar o seu prosseguimento. O método utilizado durante um período em que revelou resultados saudáveis, torna-se inaceitável em outra conjuntura, exigindo reestruturação e mudança, conforme os padrões do conhecimento, dos processos ora vigentes.

Essa descontinuidade é fator estimulante para novas buscas e mais compatíveis realizações que acompanham a evolução do pensamento e das técnicas em uso.

A maquinaria humana, em face da sensibilidade emocional e dos extratos jacentes no inconsciente profundo, como no subconsciente atual, é sujeita a alterações contínuas, mantendo a sua individualidade e a sua personalidade, sem permanecer em condição de robô que atende a comandos repetitivos, sem reflexão, nem aptidão que lhe faculte a escolha.

O ser humano tem preferências, seleciona o que lhe compraz, elege aquilo que realmente lhe convém, dentro dos parâmetros dos interesses motivadores da existência.

Assim sendo, quando defrontado com o repetido ou o desafiador, não estando em equilíbrio emocional, desliza para fugas psicológicas, transferindo os conflitos de direção e disfarçando-os sob outras manifestações. No fundo permanecem as raízes da insatisfação, que reflorescerão murchas e desfiguradas em outras apresentações conflitivas.

Os desafios fazem parte do crescimento emocional e intelectual do indivíduo, no entanto, paulatino, e não golpeante, contínuo, volumoso.

A atualidade permite através das comunicações virtuais e daquelas que são veiculadas pela mídia, volumosa carga de informações, especialmente degradantes e perversas que sobrecarregam o pensamento e a emoção, exigindo-lhes uma de duas condutas para melhor suportá-las: o receio dos relacionamentos, da vida, da luta ou o bloqueio dos sentimentos, a indiferença para aceitar novas informações perturbadoras e aflitivas.

Os temperamentos tímidos refugiam-se no medo e procuram soluções que não existem, evitando novos contatos, acontecimentos desgastantes, realizações geradoras de preocupações.

Os mais audazes, necessitando de viver mais pelo hábito do que pela satisfação decorrente da existência, bloqueiam os medos e os conflitos, *navegando* nesse mar encapelado, na fragilidade da embarcação da autoconfiança e da autoindiferença pelos dramas existentes e pelos sofrimentos à sua volta.

Uns e outros, surpreendidos, no entanto, pelo impositivo do progresso, obrigados à convivência social, que lhes é fundamental à vida, impulsionados ao crescimento, que é Lei Universal, entram em crise existencial, experimentando aflições que se lhes apresentam sobre-humanas, maiores do que a sua capacidade de as solucionar.

Não habituado à interiorização, à reflexão mental, procuram caminhos exteriores que não existem.

A psique humana tem quase a mesma idade do Universo.

Desde a Criação que o psiquismo passou a formar-se sob o comando da Mente Divina.

Avançando mediante os processos naturais, através das expressões do Cosmo, alcançou o estágio de humanidade, preservando todas as experiências ancestrais, que são os alicerces das suas conquistas contemporâneas. Nada obstante, muitos substratos constituem-lhe resistências para a assimilação de novos impulsos de reflexão e de transcendência, permanecendo mais no cotidiano das questões simples do que nos grandes voos do pensamento ampliado.

A crise existencial é uma forma de ruptura com o passado, com alguns desses substratos, propiciando novos investimentos da inteligência e da emoção, a fim de surgirem outros patamares de apoio para as conquistas mais complexas da harmonia, que pressupõe equilíbrio, estabilidade, realização pessoal.

O ser humano possui profundidade que deve ser penetrada, superando a superficialidade do dia a dia, na busca das qualidades autênticas que o fazem diferente dos demais animais, não reagindo, não agredindo, não se destruindo, não se desequilibrando, graças ao discernimento que o leva aos atos compatíveis com os níveis alcançados de sabedoria.

Dessa forma, torna-se um elo que une e que reúne todos os seres na grande família universal, por enquanto, terrestre, avançando para Deus, que é a Meta mais elevada e que será alcançada a pouco e pouco.

As conquistas da inteligência através da Ciência e da tecnologia, cujos avanços invejáveis perturbam, no momento, servem para facilitar o processo de harmonização interior e de administração de todas as conquistas, sem permitir-se o indivíduo submergir no volume das suas informações difíceis de serem entendidas em um momento único. Portanto, cada passo emocional e mental deve ser dado com precisão e reflexão, superando uma fase a fim de conquistar outra, solucionando um problema para logo enfrentar o seguinte, fruindo o prazer de realizar o que lhe é importante, agradável ou não, indispensável, porém, para a conquista da saúde real.

Se se entender crise emocional como um crisol psicológico, logo se avançará para novos enfrentamentos e diferentes realizações que são essenciais no transcurso da existência.

Surgindo a crise existencial, é imperioso que sejam examinados os fatores indicativos e aqueles responsáveis pela sua origem, de modo a descobrir-se a solução no próprio acontecimento, mediante o desejo de resolver-se o impasse antes de permitir-lhe o agravamento, que sempre dá lugar à instalação de conflito angustiante.

O ser humano é constituído psicologicamente de resistências que lhe facultam enfrentar constantes desafios emocionais, graças aos quais a vida ruma na direção da autorrealização.

Crise existencial, portanto, é ocorrência normal, predispondo a avanços significativos na história do ser humano.

Em vez do abatimento e do desconforto, do abandono dos objetivos, cabe ao indivíduo em crise, reconhecer que lhe é reservado o dever de enfrentar o acontecimento, somente ele, partindo, então, para experiências mais enriquecedoras, portanto, mais carregadas de desafios.

Crises sociais

Como efeito das crises existenciais nos indivíduos, surgem as de natureza social, inevitáveis, porque o grupo resulta do conjunto das unidades. Desde que a unidade se apresenta em desconcerto, a inarmonia logo se faz identificar.

O mesmo ocorre no organismo físico, quando apenas uma célula, perdendo a *memória* da sua mitose, propicia o surgimento do tumor, da anomalia.

O ser humano deve sempre racionalizar a sua ambição, direcionando-a para aquelas de natureza espiritual, portadoras de caráter permanente, porquanto, as efêmeras, que se caracterizam pelos desejos egoísticos, fazem-se geradoras de posses que ultrapassam os limites da capacidade de armazenar-se. Transformando-se num tormento, advém-lhe a cegueira a respeito dos direitos dos demais e logo se converte em verdugo da própria paz, assim como da harmonia que deve vicejar à sua volta. Não se satisfaz com o conseguido, permanecendo em torpe anseio de mais acumular.

A sua abundância exagerada produz a miséria dos outros, fomentando ódios e desejos desenfreados de tomar-se-lhe uma parte que seja e que têm direito, esses infelizes, a qualquer custo.

Encontro com a paz e a saúde

Surgem, então, as crises econômicas, porque os governos – que são esses indivíduos ambiciosos e insaciáveis – abandonam os compromissos que assumiram com o povo, para tratar do seu e do enriquecimento do seu partido, da sua família, dos seus interesses inconfessáveis.

Dessas derivam-se as outras, que são de natureza social, quando as classes menos abastadas transformam-se em pasto para a exploração realizada pelos mais poderosos.

Aparecem, no cenário, em começo de conturbação, os partidos políticos apresentando filosofias atraentes, normalmente ilusórias e portadoras de grande poder hipnótico, seduzindo e arrastando fanáticos que se transformam em abutres devoradores, sempre voltados contra aqueles que lhes não compartem os propósitos.

As crises sociais culminam em convulsões de poderes, nas quais as massas insatisfeitas com o esmagamento que sofrem rebelam-se e são normalmente fulminadas, em face da desigualdade de forças em litígio. Entretanto, não poucas vezes, conseguem assegurar o seu direito à vida mediante o derramamento de sangue, em cujas lutas as vítimas inocentes são trucidadas.

Entre incontáveis, a História conserva os exemplos inesquecíveis da Revolução Francesa de 1789, quando o poder absoluto dos reis, quase alçados ao *status* de divinos, provocou a revolta que se consumou em tragédias inesperadas, e, ao mesmo tempo, na fixação dos ideais dignificantes da sociedade: fraternidade, igualdade e liberdade...

Posteriormente, a Revolução Bolchevista de 1917, que teve Lênin à frente, tentando libertar o operariado e os camponeses, terminou nas alucinações do comunismo que voltou a esmagar as classes majoritárias mediante o poder oferecido ao Politburo, partido que governou a Rússia entre 1917 e 1952.

Ocorre que, não apenas de alimentos vive a criatura e, por extensão, a sociedade, mas também da dignidade que é adquirida através da justiça social, quando se tornam acessíveis os bens inalienáveis da escola, do trabalho, da saúde, do repouso, dos direitos da liberdade de pensar, de ir e vir, de participação...

Para que as crises sejam superadas, sem converter-se em lutas destrutivas, necessitam da decisão, que equivale a um ideal por meta, que se estruture no bem-estar geral, no serviço em favor de outrem.

Sustentada por esse objetivo, torna-se dinâmica e procedente, porque se faz portadora de vitalidade criativa, convocando os cidadãos a uma tomada de consciência que produza frutos sazonados de progresso para todos, de fraternidade geral, de desenvolvimento artístico, moral, cultural, espiritual...

Essas crises, em tais casos, deixam de ser fenômenos perturbadores da sociedade para transformar-se em mudança necessária quão inadiável. O seu momento crítico ocorre quando se substituem as lutas de classe por identificação de propósitos que culminam no entendimento fraternal das massas.

As pessoas deixam apenas de opinar para atuar, liberando-se da complexidade das palavras que ocultam os sentimentos, para desvelar aqueles que devem ser aplicados em realizações operosas e libertadoras.

Desse modo, a crise social é uma descontinuadora do *modus vivendi* e do *modus operandi* vigentes, ensejando novos métodos de comportamento para que ocorram as mudanças necessárias ao equilíbrio do todo social.

Naturalmente que as crises ocorrem quando se dá o esgotamento dos métodos para diminuir ou terminar com os fatores responsáveis pela perplexidade e confusão generalizadas. Não se encontrando os recursos filosóficos e éticos que possam alterar os quadros existentes, criando novos caminhos e diferentes padrões de conduta, o desfecho será sempre danoso para todos.

Quase sempre os vitoriosos de um dia, passado algum tempo, tombam sobre os vencidos que fazem silêncio com a sua morte para que também se calem e desapareçam do cenário social.

Os ditadores periódicos e os seus coadjuvantes, quando no poder, dão a impressão de perenidade nos desmandos e no ultraje à sociedade e ao cidadão. No entanto, de um para outro momento, vendavais inesperados desalojam-nos do topo e os atiram em masmorras sombrias e fétidas para onde anteriormente enviavam os seus opositores, experimentando a amargura da situação. Incapazes de suportar os suplícios que aos outros impuseram, desertam do corpo pelo suicídio, quando não são assassinados pelo ódio popular ou pelos aficionados que, por sua vez, ambicionam substituí-los.

Por mais tempo permaneçam à frente das arbitrariedades dos próprios desmandos, o seu período de insânia passa, ficando a memória sombria da sua hediondez.

Outrossim, a velhice os carcome no poder, as enfermidades os devoram, sem que possam alterar e manter o curso dos acontecimentos, culminando na morte que se encarrega de encerrar-lhes o capítulo selvagem da cruel dominação.

As crises sociais são, portanto, inevitáveis, até mesmo normais, como reação dos processos vitais da continuidade da vida.

Assim sendo, não se trata de uma desgraça, mas de uma necessidade de releitura do desenvolvimento da Humanidade que, malconduzida, leva a calamidades que poderiam ser evitadas.

A vida nunca se desenvolve de maneira horizontal, sem ascendência e descendência, num todo *descontínuo* psicológico e organizacional, responsável pelas alterações e processos de mudanças que devem sempre ser para melhor e por todos partilhada.

À medida que ocorrem a evolução e a compreensão dos valores humanos, apresenta-se o acumular de experiências que se transformam em energias impondo diferentes rumos. A permanência na mesma trilha de acontecimentos termina por dar lugar ao tédio, a uma parada no mecanismo de crescimento, gerando desconforto e desinteresse pelo fenômeno histórico da busca da felicidade.

Ter-se a coragem de deixar para trás tudo quanto foi adquirido com o pensamento firme nas infinitas possibilidades de realização alcançável, expressa uma crise social, quando o grupo não mais se conforma com as questões em que se envolve e aspira por mais elevados patamares de realizações.

Não havendo esse valor moral para produzir mudanças e alterar rumos, as crises sociais convertem-se em bolsões de inquietação, explodindo na violência pessoal, doméstica, urbana, nacional e internacional, contra quase todos, especialmente os menos equipados que sejam encontrados pela frente.

A turbulência, nessas ocasiões, toma conta dos sentimentos, e os indivíduos estiolam as propensões para a dignidade ante a revolta surda que explode em desespero malcontido.

Não desfrutando de liberdade de valores que dignificam a existência, de igualdade de direitos, de oportunidades, de realizações, surge, como fuga compensatória, a libertinagem que se mascara de licenças morais, advindo o desbordamento das paixões, mediante o erotismo enlouquecido, em forma de sensualidade desmedida, no abuso do álcool, do fumo, das drogas, dos jogos de azar, em buscas desesperadas pelo ter, exclusivamente com o fim de gozar...

Os governos injustos sabem dessa disposição das massas e cerram os olhos à devassidão, como um ópio para alucinar os viciados enquanto aqueles se locupletam nas situações grandiosas a que se guindam, astutos e insensíveis.

Em Roma, o imperador providenciava o pão e o circo, para diminuir a tensão popular, facultar o descarregar das pressões emocionais, no alimento do estômago e na selvageria sem limites das extravagâncias...

Infelizmente, dessas situações calamitosas, porém, surgem os novos rumos da História, como no passado, em relação às sociedades poderosas que se celebrizaram pelas glórias das conquistas e logo depois pelas vergonhosas bacanais a que se entregaram os senhores e os escravos, os patrícios e os servos, misturando as aflições na desenfreada busca do prazer.

Os impérios assírio-babilônio, persa, cartaginês, grego, romano, para citar alguns, no passado e, mais recentemente, o otomano, o austro-húngaro, como outros tantos, perderam as glórias conseguidas pela conduta facciosa e devassa a que se entregaram as massas e os governantes desastrados...

Na atual crise social, o fenômeno parece repetir-se e dar-se-á, sem dúvida, o mesmo, no momento adequado, quando forem requisitados cidadãos para preservar as conquistas da civilização e esses escassearem, convocando-se, então, soldados para atender a fome do monstro da guerra, última alternativa do poder em estertor.

Assim, inevitavelmente, as crises sociais sacudirão o planeta periodicamente, impondo reformulações administrativas e humanas, esboços históricos de equidade e de justiça, esforço de igualdade de direitos entre as diversas classes, correspondendo, com certeza, aos diferentes níveis de necessidades e de realizações especiais.

Trata-se da inexorável Lei do Progresso trabalhando os metais difíceis do comportamento humano e moldando as novas realizações que terminam no patamar da felicidade.

Exauridas as tentativas de mudanças de valores nos comportamentos sociais, diferentes formas de vida são apresentadas, expressando-se em crises, que podem gerar convulsões dolorosas como procedimentos plenificadores.

CRISES GERAIS

A predominância do *ego* sobre o *Self* responde pela crise de conduta, em razão da fragmentação do que deveria ser a unidade psicológica do ser, trabalhando impulsos descontrolados pela ambição do ter, em vez da natural busca do ser.

Nessa ocorrência, a *sombra escura* arquetípica projeta-se exteriormente, gerando instabilidade emocional, em face da perda do senso de elevação e de construção da individualidade sob o impacto da personalidade em desalinho.

Inevitavelmente se estabelece a turbulência interior, porque desaparecem os ideais mais relevantes, que devem ser cultivados e vividos, sendo substituídos pelas ilusões do cotidiano, responsáveis pelos tormentos menores que se agravam na sucessão dos tempos, adquirindo complexidade perturbadora.

Não possuindo estrutura de profundidade psicológica, essa ambição desvanece-se no impacto com a realidade, porque tais procedimentos não oferecem os resultados anelados. Logo que conseguido um objetivo, outro se apresenta mais exigente, e cada frustração ou insatisfação que se expressa, soma ansiedade ao sentimento, dando lugar à solidão e aos medos.

A ansiedade logo se manifesta como instabilidade em relação às conquistas plenificadoras, desde que aquelas conseguidas são mais externas do que interiores de afirmação e de bem-estar profundo. Deixam, por efeito, a sensação de vazio existencial, em face do conteúdo de que se revestem. Assemelham-se a uma alimentação diária que, logo satisfeita, momentos após volta a apresentar-se como essencial à vida orgânica, exigindo repetição.

A solidão, de imediato, manifesta-se como efeito natural da qualidade íntima de interesse emocional pelas coisas, não se satisfazendo com o já conseguido, produzindo soledade – aqui expressa, em nosso conceito pessoal, como situação de abandono mesmo que no meio da multidão, ou quando acompanhado por outrem, este não consegue participar da interioridade do parceiro ou amigo, familiar ou conhecido, por mais que o busque e esforce-se por oferecer-lhe amizade e companheirismo...

Essas manifestações sutis do sentimento abrem espaço para a instalação dos medos surdos da realidade, gerando fugas psicológicas, que tanto se podem apresentar em manifestação de revolta – processo de transferência do fracasso pessoal – como em afastamento do mundo social em que se vive – vingança inconsciente em forma de ressentimento dos outros.

É inevitável que, somadas essas crises individuais presentes nas criaturas com dificuldades interiores não resolvidas, apareçam em volume, cada vez maior, as crises gerais, na sociedade, na política, na religião, na cultura, na arte, nos relacionamentos humanos, desbordando nas lutas infelizes em que os mais atormentados e mais hábeis fazem-se vitoriosos, passando a impor as suas patologias, e tornando-se invejados como vitoriosos.

O senso de equilíbrio cede lugar ao deslumbramento pelo fetiche da aparência, da fama, da glória de mentira, arrebanhando multidões de imaturos que se locupletam com as migalhas que sobram das mesas fartas desses desumanos triunfadores egotistas.

A solução do problema geral, porém, encontra-se na célula humana, no indivíduo que perdeu o rumo do equilíbrio e atormenta-se no individualismo perverso, sem haver entendido a necessidade do coletivismo saudável.

A sociedade contemporânea, de certo modo, é herdeira de uma competição individualista, por cuja conduta os poderosos de qualquer tipo sempre acreditaram que a dominação dos outros lhes constituiria segurança e autorrealização. Cercando-se de áulicos, igualmente ambiciosos e pusilânimes, acreditaram nos ardis engendrados pela imaginação desregrada, erguendo, para si mesmos, as posições de comando, que se transformaram em desmandos e desumanidades.

Foram aproximadamente quatro séculos de competitivismo cruel e sanguinário, em que a hedionda meta deveria ser alcançada sem qualquer princípio ético ou disposição moral, valendo somente o atingi-la.

Disso resultou muita ansiedade subjacente na conduta social, porque aquele que não alcançava o patamar do destemido e arbitrário, às vezes travestido de vencedor e promotor do progresso, sentia-se fracassado, perturbando-se no comportamento.

Na atualidade, vive-se o coletivismo, no qual as pessoas são padronizadas por modelos, quase sempre estabelecidos por indivíduos atormentados, que preferem o exótico por dificuldade de destacar-se na conduta normal.

Esses padrões transformam-se em cultos ao personalismo, ao mito, às falsas necessidades de comportamento, que esgotam as energias do sentimento e geram mais ansiedade e autodepreciamento, porque se torna quase impossível atingir o denominado fator ideal, e, quando logrado, raramente pode ser mantido.

Vejam-se, por exemplo, as imposições dos padrões de beleza, violentando a harmonia orgânica e as programações genéticas, que estabelecem biótipos diferentes, jamais padronizadas pelos caprichos da mente. Surgem, no seu servilismo, as tormentosas dietas trabalhadas na base da agressão ao organismo físico, as ginásticas excessivas, as massagens e cirurgias plásticas retificadoras, as próteses de silicone e de outra procedência, com o objetivo de modelar o corpo conforme a alucinação momentânea, produzindo conflitos intérminos na juventude em particular, e, por extensão, nas demais pessoas instáveis psicologicamente, embora fisicamente amadurecidas.

De imediato, apresentam-se novos padrões de conduta, quais o excesso de erotismo, exaurindo o aparelho genésico e apelando-se para os variados artifícios, como o uso de substâncias químicas, a prática sexual através de exibições perversas, as quais, de natureza patológica, como as aberrações que culminam no sadismo, no masoquismo ou em ambos simultaneamente, adquirindo o apoio cínico dos veículos de propaganda, a fim de mais venderem os seus produtos moralmente venenosos.

A desonestidade, o suborno, a perseguição de partido, de crença, de etnia, de economia, a desvalorização moral da mulher, o desrespeito à infância e à velhice, mesmo que se negando a existência de preconceitos como se eles estivessem ultrapassados, mas que continuam jacentes no inconsciente e na conduta atormentada de todos esses insatisfeitos que buscam novidades em razão de se encontrarem exaustos, tornam-se naturais e, embora censurados por um momento, logo são praticados em regime de cidadania legal...

Nada obstante, por mais que sejam aceitos socialmente, nunca se tornarão portadores de caráter moral, por atentarem contra os atributos sublimes do *Self*, que procedem do *arquétipo primordial*, causal, que é Deus...

Ninguém consegue fugir da sua essência, da origem divina, e enquanto assim proceder, buscando soluções mentirosas, viverá em crises contínuas, saltando de uma para outra, interminavelmente, porque insultuosas ao ser real, que é a razão essencial da vida.

Esse coletivismo malcomportado, significando a *sombra coletiva* doentia, apela para o poder da força em razão de haver perdido a força da razão e do sentimento, da harmonia interior que deve viger em cada indivíduo, a fim de propagar-se para o grupo social como efeito natural do desdobramento pessoal.

Mesmo essa crise geradora de conflitos guerreiros, divisores de comunidades, é lamentável processo de progresso, porque, advindo o cansaço, a exaustão das forças, o indivíduo começa a identificar a necessidade de harmonizar o *ego* com o *Self*, em procedimento de convivência salutar, entendendo o significado existencial e trabalhando para a autorrealização, para a conquista real da saúde emocional, resultando em equilíbrio físico e mental.

Temas para reflexão

744. *Que objetivou a Providência, tornando necessária a guerra?*

"A liberdade e o progresso."

(KARDEC, Allan. *O Livro dos Espíritos*.)

"Não penseis que vim trazer paz à Terra; não vim trazer paz, mas espada."

(Mateus, 10: 34)

3
Autodesamor

Autocondenação • Autopiedade • Autoconsciência

O processo de desenvolvimento emocional, de amadurecimento psicológico, inegavelmente, apresenta-se no ser humano, quando este adquire hábitos saudáveis de conduta comportamental, resultado natural da superação das suas tendências primárias que cedem lugar às aspirações da beleza, da saúde, do bem-estar.

Vitimado pelas heranças ancestrais, que se lhe inculpem no cerne do ser, em face de experiências multifárias, ei-las em predominância nos arquivos do inconsciente, expressando-se através de manifestações psicológicas de insegurança, de medo, de instabilidade, na condição de mecanismos de fuga da realidade, assim escamoteando os conflitos íntimos que se transformam em sentimento de diminuição e mesmo desaparecimento da autoestima, do autorrespeito, deixando-se arrastar pelo autodesamor.

Esses conflitos que permaneciam adormecidos assumem então o comando da personalidade, produzindo dificuldade no paciente para conseguir um edificante relacionamento entre o *ego* e o *Self*, a prejuízo dos anelos superiores do pensamento.

Isto porque os tormentos da culpa que procedem das experiências transatas de reencarnações turbulentas, que não foram equacionadas, insultam a consciência, dando lugar a mais graves choques entre tendências opostas de conduta, que culminam no ato de estiolar a esperança e a alegria de viver do indivíduo, agora servo dessas manifestações enfermiças.

Todo o seu arcabouço de aparente serenidade e equilíbrio desconecta-se, surgindo uma nova constituição emocional fragilizada e destituída de valores éticos para os enfrentamentos da evolução inevitável.

A consciência de si cede, então, lugar à crítica mordaz e contínua em relação ao próprio comportamento e ao pensamento, condensando conceitos de incapacidade para a superação do desconforto interior, ao tempo em que surdas inquietações tomam conta dos espaços emocionais.

Simultaneamente, a confiança que deve viger em todos os cometimentos pessoais deixa de existir, iniciando-se-lhe uma forma irracional de animosidade contra si mesmo e desenvolvendo um sentimento de culpa que não se justifica.

Isto ocorre porque o senso crítico torna-se míope em relação às possibilidades de crescimento e de realização, mediante as quais o desenvolvimento espiritual e moral impulsiona para a conquista de patamares e níveis mais nobres de consciência.

As *lembranças* inconscientes relacionadas à irreflexão com que sempre agiu, tornam-se uma constante na tela da memória em luta renhida contra as fascinantes possibilidades que se encontram ao alcance do *Self* para a sua plenificação.

A vida é um hino de louvor ao progresso, na marcha incessante das conquistas intelecto-morais que aperfeiçoam o Espírito, este combatente infatigável das lides evolutivas.

O autodesamor, portanto, apresenta-se como distúrbio de conduta que merece cuidados especiais, a fim de não se transformar em antipatia por si mesmo, no rumo de conflitos mais graves no comportamento, como sejam o ódio, o ressentimento e o desinteresse pela vida, que podem levar à atitude desesperadora do suicídio, na fuga espetacular do descontínuo existencial.

Embora sob disfarces variados, esse autodesamor viceja em abundância no organismo social, arrebanhando vítimas indefesas para as suas fileiras, nas quais estorcegam os temperamentos fracos e os sentimentos conflitivos.

Autocondenação

Uma das formas habituais de exteriorização do conflito resultante do autodesamor é a necessidade flageladora da autocondenação.

Em face do desprezo que o paciente se permite diante das possibilidades de ação que se lhe encontram ao alcance, torna-se um crítico perverso de si mesmo, trabalhando as emoções com alta dose de pessimismo e de desconsideração.

Os valores que aprecia nos outros, atuam-lhe como um tormento que o leva à inveja e a atitudes de franca agressividade em relação às demais pessoas, apresentando-se amargo, insatisfeito em relação à existência, por não se permitir identificar os recursos de que pode dispor, a fim de superar as crises internas de autopunição e autorrejeição.

Adotada essa consciência do desvalor que se atribui, da incapacidade de lutar e superar os naturais impedimentos que dizem respeito ao seu processo de enriquecimento interior, refugia-se na solidão, mesmo que se encontre no meio social, familiar, na multidão...

Esse refúgio oferece-lhe oportunidade mais vasta para a depreciação de si mesmo, a morbosa acomodação ao estado em que se encontra, quando deveria empenhar-se para superar os limites, investindo as energias em esforço e sacrifício, de forma que pudesse experimentar a real alegria da luta.

Toda ascensão exige o contributo pessoal do candidato através do empenho que se deve impor, de forma que não recue ante os insucessos que fazem parte do processo das conquistas aneladas.

Quem teme a marcha, de forma alguma consegue alcançar os patamares superiores, e se receia as alturas libertadoras, detém-se nas baixadas da lamentação doentia pelo infeliz prazer da autopunição.

Ninguém alcança gratuitamente o progresso nem o sucesso, especialmente quando a sua atitude perante a vida faz-se assinalada pela morbidez da preguiça mental disfarçada de impossibilidade.

Trata-se de uma atitude cômoda e doentia, que faculta ao indivíduo deter-se a meio do caminho, justificando impedimentos que podem ser vencidos.

Quando insiste na impossibilidade de aplicação dos recursos próprios, passa a agir de maneira equivocada, atirando dardos de ira e de mágoa contra os triunfadores, resultando, infelizmente, em maior aversão por si mesmo.

Esse sentimento pernicioso, sem dúvida, será projetado nas demais pessoas, pelo natural fenômeno da transferência de responsabilidade.

À medida que essa atitude permanece, instalando-se no subconsciente como uma realidade, mais difícil se torna a mudança comportamental para atividades encorajadoras e edificantes.

Essa lamentável conduta está fincada em raízes das experiências anteriores, quando o Espírito permitiu-se a ociosidade dourada, a inutilidade mental, explorando a vida e as demais criaturas que se lhe deveriam submeter ao talante das paixões e das circunstâncias ambientais.

Reencarnando-se para recuperar o tempo perdido e a oportunidade malbaratada, o conflito de culpa transforma-se em punição inconsciente, de que o indivíduo sente-se necessitado, de forma a depurar-se, infelizmente por mecanismo punitivo, quando deveria e poderia fazê-lo mediante o recurso reeducativo de valores.

Por consequência, em face da necessidade da evolução impostergável, renasce em um lar, no qual os fatores genéticos, psicológicos e sociais que lhe irão proporcionar a inadiável recuperação, tornam-se desencadeadores atuais do conflito.

Defrontam-se, então, aquelas psicogêneses que procedem das existências anteriores, assim como da presente, responsáveis pelo desencadeamento da aflição que deve ser trabalhada com lucidez e decisão, a fim de que a oportunidade se transforme em bênção libertadora.

O imponderável das Leis da Vida, no entanto, convidando o paciente à reflexão, faculta-lhe a liberação de algumas imagens arquivadas no inconsciente, que se fazem caracterizar pela autodesconsideração, evocando a inutilidade em que viveu, e que ora o repugna, empurrando-o para um insensato masoquismo, no qual sentimentos contraditórios se apresentam. De um lado, o mal-estar que permanece no mundo íntimo e de outro o prazer mesquinho de ser infeliz.

A autocondenação torna-se-lhe inevitável, por apresentar-se como um mecanismo escapista, através do qual inconscientemente sente-se punido, portanto, em vias de restabelecimento.

Sucede, porém, que os valores da vida são de natureza positiva, jamais se expressando por métodos perturbadores e afligentes.

A Lei que vige no Universo é a de Amor, porque procede da Divindade, não havendo lugar para terapias de violência, agressividade e desprestígio dos inabordáveis tesouros emocionais que jazem adormecidos no âmago de todos os seres.

O paciente que se inscreve neste capítulo da patologia comportamental, pode apresentar-se em postura decadente – desprezo por si mesmo, indiferença pelo traje, descuidos corporais de higiene e outros compromissos para com a saúde – ou manter a aparência convencional cuidadosa para mascarar o conflito, gerando simpatia na convivência, mas tornando-se pessoa de relacionamento difícil, exigente e inconformado com tudo e todos, por efeito da animosidade em referência a si mesmo.

Quando se afeiçoa a outrem e resolve pelo convívio afetivo, no matrimônio ou através da parceria sem a confirmação legal, transfere a insegurança para o outro, sendo-lhe indiferente ou transformando-se em crítico pertinaz, acusador inclemente, por cujo meio desforça-se da insatisfação, tornando-se um verdadeiro sádico, assim se autoafligindo nas contínuas pugnas em que sempre deseja ser o triunfador.

A incapacidade para administrar as dificuldades que defluem da convivência, desde que inamistoso consigo próprio, faz que se converta em um egoísta, escondendo-se sob a máscara da exigência injustificável a respeito do parceiro, cuja vida se converte em um terrível flagelo emocional e espiritual.

Esse tipo de desvio de conduta exige cuidadosa terapia psicológica, sem dúvida, porque o indivíduo não reconhece o próprio distúrbio, projetando culpa nos outros, que diz não o entenderem, e porque também se considera incapaz de modificar o comportamento a que se entrega sem o indispensável contributo da razão.

O prolongamento da morbidez termina por produzir somatizações compreensíveis, especialmente no trato digestivo, na função hepática e no aparelho respiratório, que se encarregam de exteriorizar as toxinas produzidas pela mente em destrambelho e pelas fixações perniciosas em que se compraz.

Não é de estranhar-se, pois, que a intoxicação emocional transforme-se em enfermidades aparentes ou reais, em face das infecções que se instalam no organismo em decorrência da perda imunológica sob o bombardeio contínuo da mente enfermiça.

É de bom alvitre que o ser humano, em identificando suas limitações e dificuldades existenciais, esforce-se por superá-las, adotando hábitos salutares, quais as conversações edificantes, as leituras estimuladoras, as convivências exemplares, de modo a transferir-se das paisagens mentais depressivas para aquelas nas quais a alegria e o bem-estar convivam harmonicamente.

Nesse sentido, a compreensão lógica dos mecanismos evolutivos faculta a conquista do autoperdão, de uma visão mais compatível com o seu nível de evolução, permitindo-se a possibilidade de erro, mas também de acerto, de desequilíbrio quanto igualmente de correção, de enfermidade e especialmente da conquista da saúde.

Por consequência, a autocondenação é distúrbio de comportamento que deve ser combatido, logo se apresente em forma sutil ou vigorosa, pelas implicações conflitivas de que se reveste.

A atitude de confiança nos recursos da vida, nos relacionamentos humanos, nos projetos de crescimento moral e emocional, nos esforços em favor da comunidade, no desenvolvimento das faculdades mentais e transcendentais, constitui recurso precioso que propele o indivíduo para a conquista da saúde integral e da felicidade possível que está ao alcance de todo aquele que se empenha em desfrutar do seu lugar ao *sol*...

Autopiedade

Inevitável consequência da acomodação emocional às circunstâncias que se apresentam aflitivas durante a existência física, assomando irrefragável à consciência do indivíduo, é a autopiedade, essa *bengala psicológica* de que necessitam aqueles que se recusam ao esforço dos enfrentamentos da evolução.

Encontro com a paz e a saúde

A existência orgânica é feita de preciosos recursos que se conjugam em harmonia, a fim de proporcionarem o corpo, a emoção e a psique.

Setenta trilhões de células de diferentes estruturas aglutinam-se em torno do *modelo organizador biológico* – perispírito –, a fim de que o ser espiritual possa comandar todos os equipamentos, levando-os a bom termo, isto é, aos objetivos para os quais se encontra reencarnado.

Essa maquinaria sublime trabalhada pela Divindade ao longo de bilhões de anos para servir de recurso evolutivo para o princípio espiritual, encontra-se em contínuo processo de modificações nas suas estruturas intrincadas e complexas, em face do Espírito que a utiliza, como decorrência dos comportamentos nas existências anteriores.

Desse modo, cada qual transita no veículo corporal a que faz jus, como efeito da maneira que o utilizou anteriormente.

Coconstrutor dos equipamentos delicados, a sua vida mental e moral ajuda-o a manter-se em harmonia ou desorganiza-o através do torpedeamento de ideias agressivas e desequilibradas.

Movimentando campos vibratórios muito sutis, o Espírito é convidado a comportamento edificante, de maneira que contribua para a sua preservação e equilíbrio contínuos. Todavia, transferindo hábitos insensatos nos quais se compraz, de uma para outra experiência, assume atitudes piegas e despropositadas, aguardando soluções mágicas para os problemas por ele próprio gerados.

Diante dos inevitáveis insucessos que o assaltam, desacostumado às refregas lapidadoras da personalidade, foge para o mecanismo irresponsável da autopiedade, na desonesta condição de incapaz, esperando gerar compaixão e auxílio dos outros, quando deveria preocupar-se em inspirar amor, cooperando com o programa de evolução pessoal e geral.

A autopiedade expressa insegurança emocional propiciadora de preguiça mental, que prefere sempre receber e nunca ofertar, demonstrando carência, como se se encontrasse em atitude de abandono, relegado pela vida ao sofrimento imerecido e injustificado.

A princípio, o sentimento de compaixão aflora à sua volta até que, desinteressado pelo real crescimento moral, afasta o socorro que solicita, porquanto esse o arrancaria da atitude infantil e agradável a que se entrega.

Essa imaturidade psicológica, mantida por pessoas instáveis emocionalmente, converte-se em grave ameaça ao organismo social, que somente progride graças aos esforços conjuntos dos seus membros. Aquele que se permite a ociosidade, a atitude de infelicidade, esperando sempre pelo esforço alheio, transforma-se em peso morto na economia geral da comunidade, que termina por deixá-lo à margem, de modo a prosseguir na marcha pelo progresso.

Concomitantemente, em razão das emissões de ondas mentais perniciosas, esse paciente atrai Espíritos outros, ociosos e zombeteiros, que passam a conviver com as suas energias, dando lugar a obsessões simples, que culminam em estados de subjugação e de vampirização, nutrindo-se à sua custa de imprevidente e inoperante.

A bênção de um corpo, em qualquer condição em que se apresente, significa oportunidade incomum de crescimento espiritual, que deve ser considerada como empréstimo do Divino Amor para a construção do bem generalizado.

Encontro com a paz e a saúde

Essa maquinaria superior foi-se organizando nos últimos dois bilhões de anos, formando engrenagens complicadas e com finalidades específicas, para servir de domicílio temporário ao Espírito viajor da Eternidade sob a orientação divina. Ainda não se encontra concluída, em razão do atraso em que, por enquanto, se apresenta o ser que a comanda, porém segue aprimorando-se, tornando-se mais sutil, de forma que, em breve, estará em condições de melhor captar as ondas sublimes do mundo causal e decodificá-las como valioso recurso de autoiluminação.

Em decorrência, torna-se indispensável que o *Self* adquira lucidez e responsabilidade, a fim de bem direcionar o *ego*, em um comportamento consentâneo com as finalidades superiores da existência terrena, em vez da situação infantil da dependência da compaixão dos demais membros da sociedade.

O que acontece ao indivíduo constitui-lhe lição de aprimoramento, facultando-lhe melhor entender os objetivos existenciais, trabalhando-se pela conquista do Infinito enriquecedor que o desafia com as suas leis imponderáveis. Não há, portanto, no Cosmo, lugar para a fragilidade psicológica, a dependência afetiva, a comiseração, a autocompaixão...

Quando se opta pela situação enfermiça, o sofrimento se encarrega de trabalhar o imo do ser, despertando-lhe o *deus interno*, qual ocorre com o diamante que, para refletir a luz, deve ser arrancado da ganga que o reveste a vigorosos golpes da lapidação.

Inimiga vigorosa do indivíduo é a preguiça mental, geradora da física e das outras expressões em que se apresenta.

A vida exige movimentação, e tudo quanto não se renova tende à desagregação, ao desgaste, ao desaparecimento. Assim também a inutilidade, responsável pelos problemas orgânicos, depois dos emocionais lamentáveis, dando lugar aos processos degenerativos de diagnose difícil.

Conscientizar-se, pois, o paciente, de que ele é herdeiro de si mesmo e as conjunturas desafiadoras em que se encontra podem ser modificadas a esforço pessoal, deve ser o primeiro passo para o autoencontro, para o despertamento da consciência de si, para a futura vitória sobre as dificuldades momentâneas.

É natural que, em determinados momentos de dor e de solidão, a criatura anele por companhia, por solidariedade, por entendimento fraternal. Para tanto, a coragem em perseverar nos esforços desperta nos outros o interesse por contribuir em favor da sua renovação e da sua liberdade.

Autopiedade, desse modo, nunca!

Autoconsciência

A saúde emocional, de par com a espiritual e psíquica, revela-se, a partir do momento em que o indivíduo sai das províncias sombrias das dependências externas e viaja na direção da autoconsciência, objetivo primeiro do processo de autoconquista pelo *Self.*

Como efeito de padrões educacionais deficientes, a metodologia de orientação emocional das pessoas obedece aos interesses de natureza externa: conquista de uma posição relevante na sociedade, aquisições de bens variados para o conforto e a satisfação pessoal, triunfo político, artístico ou cultural, competição e luta constante para atingir o topo,

Encontro com a paz e a saúde

com total esquecimento das realizações internas e comportamentais.

Na ânsia de alcançar o poder, esfalfam-se, atirando-se com ansiedade na busca dos resultados idealizados, enquanto escondem o medo de não lograr o êxito, para depois sucumbir ao peso das frustrações e do vazio existencial. Por outro lado, aquelas portadoras de timidez e limitações refugiam-se na angústia e na ausência de autoestima, considerando-se incapazes de alcançar o Olimpo das glórias, perdendo a excelente oportunidade de crescimento espiritual.

À medida que a Psicologia Clínica penetra no âmago das necessidades humanas, mais facilmente descobre que as aquisições exteriores, embora contribuam para a satisfação das necessidades, não produzem a realização pessoal. Isto porque, toda vez que se alcança um alvo que significava objetivo essencial, surge o tédio, o desinteresse pela continuação da luta, porque o fenômeno da apatia se instala após as alegrias decorrentes da momentânea glória.

A vida é mais do que as satisfações temporárias que facultam sensação de segurança e de bem-estar, logo cedendo lugar às emoções que anelam por beleza interior, por harmonia e autoconfiança.

Os indivíduos abastados, elevados à glória e invejados, não poucas vezes se excruciam em silenciosos tormentos, desejando satisfações singelas, como os momentos de reflexão, o anonimato, o silêncio interior, o desejo de viver em tranquilidade, sem os atavios nem as exigências da situação em que se encontram.

Quando não têm resistências psicológicas, buscam outras satisfações que pensam encontrar nas substâncias da drogadição, nas múltiplas experiências sexuais, no narcisismo ou na arrogância, nos quais ocultam os medos que lhes assinalam o dia a dia.

Os relacionamentos afetivos, porque inautênticos, na maioria das vezes, desde que inspirados no interesse pelo poder e pela fama, são rápidos e tumultuados, assinalados pela desconfiança recíproca, pela incerteza de serem amados, acreditando que o parceiro foi atraído mais pelo que cada um tem do que pelo que é, resvalando em contínuas buscas, e terminando no escuro da solidão.

Certamente, a aquisição de recursos amoedados, o destaque na sociedade, a satisfação de alcançar as metas a que se propõem, constituem objetivos que são estimuladores para tornar a existência aprazível e significativa. No entanto, o erro está em considerar-se que esses são os únicos fins que devem ser disputados, mesmo que se faça necessário o investimento da saúde física, emocional e moral.

O conflito pelo poder esfacela os sentimentos, transtorna as expectativas de vida, aflige sem cessar, em razão do receio de perder-se o posto após alcançá-lo, ou em decorrência da ansiedade pelo conseguir...

Felizmente, já se dão conta os estudiosos da conduta que, associados aos compromissos materiais são indispensáveis as técnicas de relaxamento, as valiosas contribuições da ioga, do *tai-chi-chuan*, a dança, os esportes, as caminhadas que proporcionam a liberação de toxinas, fortalecem o organismo, auxiliam a circulação sanguínea, oferecem conforto físico e emocional.

Adicionando-se as inestimáveis contribuições da meditação, da prece, da reflexão, da solidariedade, da compaixão, a viagem interior ocorre naturalmente, ensejando maior entendimento do programa existencial, que se coroa com a desencarnação inevitável, mas tranquila, sem que haja realmente a interrupção da vida.

O ser humano psicológico é muito mais complexo do que a sua constituição física encarregada, muitas vezes, de refletir o seu estado interior.

Herdando os conflitos do processo evolutivo, durante a longa jornada antropológica, na qual o medo se destacou desde os primórdios, quando no período primitivo era incapaz de compreender os fenômenos naturais – sísmicos, fisiológicos, agressivos das feras e de outros indivíduos – o pavor assenhoreou-se-lhe, dando surgimento a conflitos que se vêm arrastando pela esteira dos milênios.

É natural que predominem no seu inconsciente as incertezas, as ansiedades, as dores, as dificuldades de interpretar as ocorrências e submeter-se-lhes, superando-as quanto possível. Mesmo passando pelo crivo da razão, os acontecimentos impõem-se sem pedir licença para estabelecer-se, amargurando ou exaltando a personalidade, marcando as estruturas internas com aflições que adormecem nas regiões profundas, e que, periodicamente ressumam em forma aterradora.

A autoanálise contínua, serena e persistente em torno da relatividade da existência corporal e a consideração em torno da preexistência e sobrevivência do Espírito, contribuem para a conquista da autoconsciência, para que seja alcançado o *numinoso*, quando os acontecimentos adquirirem sentido psicológico e motivação para o empreendimento da felicidade.

Para esse desiderato, nunca será demais que se detenha na reflexão em torno do pensamento de Jesus Cristo em forma de diretriz salutar para a aquisição do bem-estar, o amadurecimento interior, a vitória sobre os conflitos perturbadores.

A culpa sempre deflui de uma ação física ou mental portadora de carga emocional negativa em relação a outrem ou a si mesmo.

Na infância psicológica, o indivíduo somente reage, não se permitindo equilíbrio para agir, em face da predominância dos seus instintos agressivos em relação à razão. À medida, porém, que se educa e se disciplina, começa a agir, evitando o revide, por descobrir que o agressor nem sempre é saudável, normalmente portador de conflitos mais graves do que os seus. Quando se adianta moral e culturalmente, ama e compreende quaisquer situações, mesmo que sejam afligentes e penosas, porque os seus são sentimentos equilibrados, sem os picos de paixões dominadoras.

Concomitantemente, o conhecimento dos postulados da Doutrina Espírita, notavelmente psicoterapêuticos, por explicar as causas de todos e quaisquer acontecimentos, a responsabilidade que sempre decorre de cada ação praticada, eliminam a culpa e a necessidade de autopunição, desde que exista a consciência de si. É, portanto, compreensível que a toda ação apresente-se uma reação correspondente.

A lucidez em torno do comportamento saudável faculta uma vivência mais consentânea com a conquista dos inestimáveis tesouros da saúde e da paz.

Os enfermiços comportamentos da autopiedade e da autopunição tornam-se processos conflitivos, somatizando-se e dando lugar a consequências danosas à saúde emocional e física, com probabilidade de futuros distúrbios mentais.

Autoconsciência é também processo de autoiluminação, conquista do infinito, realização plena.

Temas para reflexão

"O livre-arbítrio se desenvolve à medida que o Espírito adquire a consciência de si mesmo..."

(KARDEC, Allan. *O Livro dos Espíritos*.)

(...) Amarás ao teu próximo como a ti mesmo.

(Mateus, 22: 39)

4
Comportamentos conflitivos

Machismo • Feminismo • Direitos igualitários

Um dos fatores que se encarregam de produzir conflitos nos relacionamentos em geral e particularmente na área afetiva, é a imaturidade psicológica do indivíduo.

Da vida possuindo apenas conceitos que não são corretos e que não se ajustam ao equilíbrio que deve viger na convivência social, as suas conclusões afastam-no da realidade, dando lugar à prepotência no trato com os demais ou à submissão injustificável em relação àquele com quem convive.

Uma breve reflexão em torno dos direitos de que todos devem desfrutar, desde que sejam cumpridos os deveres que lhes dizem respeito, demonstrará que não há por que submeter-se a atitudes arbitrárias ou doentias por parte de parceiros comerciais, familiares, afetivos.

A parceria de qualquer natureza é uma conduta na qual os seus membros comprometem-se a cooperar reciprocamente, em favor do interesse comum, respeitando a área de liberdade em que cada qual se encontra.

No caso específico de um relacionamento afetivo, a questão adquire maior significado, em face da constância pela convivência, em que não pode haver qualquer forma de castração, de modo que não sejam geradas animosidades em nenhum deles.

Ninguém nasceu para a submissão injustificável. E quando isso se dá em um consórcio, aquele que se permite a perda de identidade, a fim de ceder sempre, esconde, na aparente bondade, a covardia moral que o aturde, o medo de perder a convivência com o outro, a insegurança, tornando-se desajustado e infeliz.

Da mesma forma, aquele que se impõe e pretende ser obedecido, não busca uma convivência harmônica nem feliz, antes, atormentado conforme é, descarrega os seus conflitos no outro, de maneira a sentir-se seguro dos valores internos que gostaria de possuir, mas não os tem, receando ser descoberto, portanto, desnudado da sua arrogância.

A arrogância é pequenez moral, na qual se comprazem muitos portadores de distúrbio de conduta, assinalados pelo medo do autoenfrentamento, que se apoiam na forma externa por desestrutura interior para a autorrealização.

Trata-se de grave conflito que se instala no *ego* e se faz projetar de maneira temerária, escamoteando-se para melhor conduzir-se ignorado.

Nos casos em tela, podem-se encontrar as psicogêneses desses distúrbios em condutas doentias mantidas em existência passada, que ressumam como necessidade de segurança pessoal e em fenômenos de educação deficiente na infância, seja resultante de uma mãe castradora ou superprotetora, que imprimiu no inconsciente do educando o receio da autoconsciência, da descoberta dos medos que nele jazem.

Por outro lado, apresenta-se-lhe como um mecanismo de transferência do ressentimento em relação à mãe, que direciona contra aquele com quem convive. É uma forma inconsciente de *matar* a figura materna que detesta, desforçando-se do largo período da submissão conflitiva.

Em vez da noção de respeito pela vida do outro, o orgulho cega-o, induzindo-o a um comportamento soberbo e perverso, no qual experimenta satisfações sádicas tormentosas.

É muito grave o dano emocional de que o indivíduo se tornou vítima, necessitando de psicoterapia cuidadosa, a fim de reconstruir a própria imagem, a personalidade ultrajada, e adquirir consideração em relação às demais pessoas.

Existe, nesse paciente, um expressivo potencial de energia que vem sendo aplicado equivocadamente, gerando desgaste emocional que poderia ser orientado com equilíbrio e de maneira saudável, tornando-se elemento de bem-estar e alegria.

De igual modo, a afabilidade com que conquista as demais pessoas, logo passada a primeira emoção, converte-se em verdugo delas, assim que se dá conta do resultado favorável obtido.

E porque a sua é uma companhia desagradável, quando não irritante e agressiva, termina por ficar isolado, vitimado por mórbida distimia.

Machismo

Herança multimilenária insculpida no inconsciente coletivo, o machismo remonta à tradição mosaica a respeito da Criação, quando apresenta a figura antropomórfica do

Criador, na condição de Pai instável, alimentando essa construção arquetípica, na pessoa de Adão, de quem fora retirada uma costela para produzir a mulher, mantendo-a como parte do seu corpo, tornando-a submissa em face de pertencer-lhe desde a origem.

Concebida a ideia da sua dependência, tornou-se objeto de uso do ser masculino, que dela sempre se serviu para as múltiplas necessidades sociais, domésticas e reprodutivas, sem qualquer outra consideração, quando não lhe impunha os caprichos conflitivos da personalidade doentia.

Em decorrência, a partir daquele momento, prolongar-se-á, nas diversas religiões do Oriente e do Ocidente, a condição de inferioridade feminina, quando os seus profetas ou criadores de cultos, todos pertencentes ao sexo masculino, vedaram-lhe o direito a participar das celebrações, chegando mesmo ao absurdo de declarar que ela não *possuía alma*, num profundo desrespeito ao ser humano que é, tendo-se em vista que mesmo os animais são portadores dessa essência ou psiquismo em desenvolvimento, transitando, nessa fase, com a denominação de alma.

Relegada a uma posição secundária, quando não discriminada, por haver sido instrumento do *pecado,* como decorrência da sua inferioridade, passou a ser submetida à exigência cirúrgica, mediante a qual lhe seria (e ainda o é) interdito o prazer no relacionamento sexual, tornando-a apenas um animal reprodutor, sem qualquer direito à gratificação afetiva da comunhão carnal.

Como efeito, inúmeros conflitos de caráter autopunitivo, desde esse momento de absurda decisão, tiveram origem na sensibilidade feminina, coarctando-lhe a alegria de viver e de amar.

Obrigada à obediência, sem qualquer direito à eleição da própria felicidade, tornou-se objeto de troca, por pais arbitrários e impiedosos que lhe estabeleciam o destino, considerando-se necessário oferecer-se um *dote* a quem a desejasse, de forma que se transformasse em mercadoria transferida de um para outro proprietário...

Sistematicamente anatematizada, era empurrada para o adultério, em face da irresponsabilidade do consorte, ou para a prostituição por homens insensíveis que, depois, assumindo atitudes puritanas, exigiam-lhe – e ainda o fazem em diferentes regiões da Terra – a punição, em mecanismos de transferência psicológica da culpa de as haverem arrastado ao dislate...

Mesmo Santo Agostinho, após a sua conversão ao Cristianismo, evitava-as, por serem objeto de pecados, não sendo poupadas por Freud, que as considerava invejosas do homem, em razão da constituição orgânica...

A sistemática indução à inferioridade produziu um profundo conflito na mulher, que passou a submeter-se aos caprichos da irresponsabilidade machista, obrigando-a a introjetar os sonhos e ambições naturais, tombando em lamentáveis processos depressivos ou de rebeldia interior, que se convertiam em enfermidades de diagnose difícil.

Negando-lhe a cultura e preparando-a somente para as *prendas domésticas* e os deveres do lar, não se conseguiu ao longo dos milênios impedir-lhe a expansão da sensibilidade e da inteligência, que extravasavam em Espíritos de escol, renascidos na indumentária feminina com a missão de romper a cadeia de ignorância e de preconceitos perversos.

Lentamente, foram impondo pelo exemplo e pelo poder da capacidade de construir, de administrar, de servir, o seu valor moral e humano, demonstrando que a *fragilidade* que lhe era atribuída, restringia-se somente à força física, em face da sua constituição hormonal e à finalidade superior da maternidade.

Nada obstante, mediante exercícios próprios, também demonstraram as missionárias da modificação de conceitos, a possibilidade de serem atingidos patamares de resistência muscular, nada inferiores aos masculinos...

A decantada e ilusória superioridade masculina, ocultando conflitos complexos, descarregou na *fragilidade* feminina a brutalidade e a covardia moral, para logo tombar-lhe nos braços, buscando apoio e consolo nos desastres emocionais de que se tornavam servos.

Esparta já houvera demonstrado, no passado, a bravura e o patriotismo da mulher, durante as guerras, quando ofereciam seus filhos para a defesa da pátria e seus longos cabelos para que fossem tecidas cordas, e quando enfrentavam aqueles que eram tidos como inimigos. Nos tempos modernos, o esforço de guerra lhe requisitou a contribuição e revelou-se excelente operária em todos os níveis profissionais, saltando, lentamente, para as posições de comando, como administradora e executiva exitosa, portadora de grande capacidade de liderança e de orientação.

Não obstante, no dia 8 de março de 1857, 129 tecelãs de fábricas de Nova Iorque, exaustas pelo excesso da carga horária de trabalho – 16 horas diárias, que pretendiam diminuir para 10 –, porque promoveram uma passeata em forma de protesto, os patrões recorreram à polícia que as enxotou em rude perseguição a cavalos, fazendo-as recuar e refugiar-se em uma fábrica. Como revide à denominada rebelião, o machismo predominante optou por bloquear as saídas do edifício ao qual foi ateado fogo e morreram todas as *rebeldes,* com a anuência das autoridades governamentais que participavam da mesma torpe conduta cruel e discriminatória.

É claro que atitudes de tal porte geraram dramas de consciência, que se transferiram para a geração imediata, não havendo sido expurgado no período em que o crime brutal foi cometido.

Posteriormente, com a ascensão da Era Industrial, o chefe e comandante, a fim de projetar a imagem de poder, usava a mulher como objeto de luxo e de ostentação, proibindo-lhe o direito de pensar, que ele a si mesmo se atribuía, sendo ela, porém, a atração que produzia inveja e demonstrava a exuberância da fortuna do consorte.

O sensível dramaturgo Íbsen retratou muito bem o conflito machista e a sua imprudência na peça teatral denominada *Casa de bonecas,* não poupando oportunas críticas aos usuários do bordel, não menos atormentados que as suas serventuárias, sempre às ordens das suas *necessidades.*

Nesse ínterim, no dia 8 de março de 1910, a ativista alemã Clara Zetkin, na II Conferência Internacional das Mulheres, na Dinamarca, elegeu esse como o Dia Internacional da Mulher.

Demonstrando os seus valores, porém, embora lhes fossem negados quaisquer direitos de participação na vida pública e social, as mulheres não desistiram, e, em 1932, na América do Norte, candidataram-se a votar e a serem votadas, abrindo uma brecha no hediondo comportamento machista.

No ano 2000, na Marcha Mundial das Mulheres, foram mobilizados 161 países sensibilizados pela necessidade da libertação da mulher, porquanto, hoje, 30% das mulheres são chefes de família, responsabilizando-se pela manutenção dos seus lares, embora o seu salário seja em média 60% inferior àquele que os homens recebem.

Recuando-se, historicamente, pode-se evocar o pensamento que assinalou uma atitude, exteriorizado pela insigne Cornélia (189 a.C. – 110 a.C.), filha de Cipião, o *Velho,* e esposa de Tibério Semprônio Graco, viúva, que se tornou célebre, passando à posteridade sob a alcunha de *A mãe dos Gracos* – Tibério e Caio – quando um grupo de patrícias frívolas apresentava as suas joias, exibindo coisas, perguntaram-lhe quais seriam as suas, e ela, abraçando os filhos, respondeu com segurança: – Eis aqui as minhas únicas joias.

Mais tarde, quando os filhos desencarnaram de maneira dolorosa, ela soube preservar a nobreza e recebeu a notícia com resignação incomum, graças ao que os seus coetâneos ergueram-lhe uma estátua, que foi colocada no Pórtico de Metelo, em Roma, com uma dedicatória comovedora: *À Cornélia, Mãe dos Gracos.*

Ninguém pode obstar a marcha do progresso, impedir a luminosidade do Sol, e o machismo começou a ceder espaço à compreensão dos direitos femininos, quando constatou que a sociedade é formada por ambos os sexos, e o futuro, sem qualquer dúvida, alicerçar-se-á, desde hoje, na estrutura emocional, moral e cultural da mulher.

Quando a intolerância governamental da China começou a suprimir as mulheres, eliminando-as cruelmente ao nascerem, não teve em mente a problemática da reprodução humana e da barbaridade cometida contra a vida, imprevidência essa que se repete nos governos arbitrários e nos regimes absolutistas, de pensarem apenas em termos de tempo presente, resultando, na atualidade, com a sua falta para a constituição das novas e futuras famílias.

O pensamento em que se apoiavam as forças governamentais cruéis, de assim estarem cuidando de controlar a natalidade, em tentativa de evitar a superpopulação que, afinal, tornou-se realidade, havendo outros métodos recomendáveis ao planejamento familiar sem crime, deixou à margem as necessidades orgânicas do cidadão masculino, que ora disputa com avidez a companhia feminina...

Somando-se aos demais fatores de ansiedade que se deriva do competitivismo, da insegurança pessoal e coletiva, das buscas pela realização social, econômica e emocional, essa herança criminosa torna-se fator de desequilíbrio, porque o cidadão de agora, renascido na roupagem masculina, é o mesmo que, ontem, desqualificou, perseguiu, esmagou os sentimentos femininos, sacrificando-os ao seu talante, embora sem dispensar a sua companhia e os seus nobres serviços...

Ainda perdurarão no psiquismo feminino as marcas da rejeição, da punição, do desprezo, que as novas conquistas irão eliminando, de forma que, no futuro, o respeito recíproco aos direitos de ambos os sexos seja a tônica da conduta psicológica e social da Humanidade.

Feminismo

A ânsia de liberdade encontra-se ínsita no ser humano, por constituir-se uma das leis da vida.

O Espírito é livre, *sopra onde quer,* conforme acentuou Jesus, no Seu diálogo com Nicodemos, o célebre doutor da Lei, não podendo alcançar a meta da evolução a que está destinado, se se encontra sob coarctação de qualquer natureza.

A Lei de liberdade de pensamento, de palavra e de ação, é conferida ao ser humano que, da maneira como a utilize, será responsabilizado pela própria consciência que reflete o Divino Pensamento.

Como é natural, o anseio da busca dos mesmos direitos que ao homem sempre foram concedidos, ou pelo menos da sua equiparação, sempre repontou através da História, quando algumas mulheres impossibilitadas de lograr o triunfo anelado, conseguiram-no através da maternidade, da beleza, da sedução sexual, da astúcia, da inteligência, da santidade, como ocorreu com Dalila, Judite, a rainha de Sabá, Cleópatra, Maria de Nazaré, Teodósia, Teodora, santa Teresa d'Ávila e as pioneiras nas ciências, na filosofia, nas artes, nas religiões...

Elas e muitas outras abriram o espaço para o respeito de que são credoras todas as mulheres, encontrando maior ressonância, em face do desenvolvimento cultural do século passado, no movimento denominado *Feminismo*.

A ideia feliz, iniciada por verdadeiras heroínas, que foram imoladas umas, outras execradas e perseguidas, encontrou vultos de alta magnitude, que reuniram a inteligência ao sentimento, demonstrando que a fragilidade orgânica de forma alguma tem a ver com a ausência de valores administrativos, de conhecimentos gerais, de especificidade tecnológica... Missionárias, que lutaram contra a intolerância, destacaram-se em diversos períodos históricos, afirmando que a biologia não é fatalidade na definição da capacidade mental e cultural, quebrando as primeiras cadeias da intolerância.

Por fim, na segunda metade do século passado, quando da superação de muitos dos preconceitos ancestrais em várias áreas do comportamento humano, o que sempre gerou dificuldades nos relacionamentos e graves conflitos psicológicos, ergueu-se a bandeira dos direitos da mulher, abruptamente, enfrentando as antiquadas discriminações, torpes no seu conteúdo e cruéis na sua aplicação, exigindo leis e oportunidades justas para todos os cidadãos.

Como é compreensível, a rebelião sexual foi o estopim que produziu o grande impacto social, em relação às mulheres insatisfeitas e infelizes, graças aos impositivos da ignorância e da perversidade, após os relatórios Hite, demonstrando o quanto a mulher era objeto do erotismo, das aberrações masculinas, desrespeitada nos seus sentimentos, sem o menor direito às sensações da afetividade e do conúbio físico, ao mesmo tempo desvelando os inúmeros conflitos masculinos disfarçados no machismo vergonhoso.

Espíritos em processo de crescimento, ambos os sexos experimentam equivalentes dificuldades e tormentos na maneira de expressar-se, como decorrência das experiências transatas, infelizes umas, perturbadoras outras, malsucedidas muitas...

A *represa* das emoções começou a romper-se e personagens atormentadas, utilizando-se da oportunidade, passaram a comandar o novo Movimento, sem dar-se conta da intolerância e do ressentimento malcontido, desafiando os cânones ancestrais e os conceitos de então, desbordando em exagerados comportamentos, que nada têm a ver com a dignidade, o equilíbrio e os direitos femininos.

Logo surgiram as oportunistas, que carregavam transtornos vários, perturbações emocionais necessitadas de terapia especializada, para exigir novas regras, algumas aberrantes, de maneira a impor-se, numa aparente vitória contra a *correnteza*.

Lentamente, como sempre ocorre, do exagero surgiram os reais propósitos de valorização da mulher, abrindo-se-lhe portas de acesso a trabalhos e atividades antes reservados somente aos homens, nos quais foram demonstrados os valores e as habilidades elevados do sexo feminino, competindo em qualidade com o masculino.

Certamente ainda se vivencia um período de afirmação, no qual a contribuição psicológica por intermédio de terapias especializadas e de valorização dos sentimentos antes desconsiderados, em detrimento dos absurdos contributos da força e da imposição machista, torna-se indispensável.

Como prejuízos iniciais, em um movimento de tal significado, no qual são necessárias as adaptações psicológicas, em face dos traumas de curso demorado através dos tempos, houve a irrupção da liberdade que se vem fazendo libertina, com olvido dos reais compromissos, substituídos pelos vícios masculinos, que a mulher parecia invejar. O tabagismo, o alcoolismo, hoje em expressão mais volumosa, em alguns países, entre as mulheres; o sexo licencioso e vulgar, dando surgimento a novos conflitos desgastantes e perturbadores que decorrem do prazer sem emoção, do gozo sem amor, do tédio, após a vivência do anelado que não preenche o *vazio existencial*.

A depressão, a síndrome do pânico e outros conflitos substituem os anteriores da timidez, do medo, da discriminação, a estes, muitas vezes, somando, demonstrando que algo não está funcionando como seria de desejar.

Ocorre que a mulher é essencialmente mãe, em face da sua constituição biológica e psicológica, forte e frágil na estrutura emocional, vigorosa e meiga por imposição evolutiva, não se devendo furtar ao ministério da procriação.

A necessidade, porém, de autoafirmação, de autoconfiança, de demonstração da personalidade, numa espécie de desforço que dormia no inconsciente, tem levado muitas mulheres a opor-se terminantemente à maternidade, justificando a necessidade de triunfar no trabalho, na profissão, no mundo dos negócios, como se uma opção eliminasse ou impedisse a outra...

Por outro lado, desejando a maternidade, delega a outros a função educativa dos filhos, fugindo à responsabilidade do lar, ao qual retorna cansada, ansiosa, quando não estressada ou amargurada...

Todo exagero sempre gera consequências lamentáveis, e, no caso em tela, a negação da maternidade, como a maternidade irresponsável respondem por danos emocionais e sociais cujos efeitos, a pouco e pouco, vêm sendo apresentados na sociedade, em forma de drogadição juvenil, criminalidade entre jovens, violência e abuso de toda ordem, orfandade de pais vivos...

Os homens, pelo mau hábito de considerar a sua suposta superioridade, sempre delegaram à mulher o provimento moral da família, a sustentação emocional do lar e dos filhos, ficando ao largo das responsabilidades dessa natureza. Muitas vezes, igualmente, fecundou a mulher e abandonou-a, empurrando-a para a prostituição ou o desespero, olvidando-se totalmente da família...

Como efeito psicológico do ressentimento feminino malcontido por séculos sucessivos, adveio a reação, mediante a qual a mulher, procurando evadir-se da responsabilidade maternal, ou não desejando filhos, que sempre se apresentam como *obstáculos* ou impedimento à sua ascensão no mundo das disputas financeiras e sociais, sente-se liberada do compromisso.

Essa interpretação equivocada e infeliz, defluente do feminismo exagerado, tem produzido danos emocionais muito graves nos sentimentos da mulher, frustrando-a e deixando-a em solidão destrutiva.

Cabe seja revista a situação do feminismo de revide, porque a organização genésica da mulher estruturalmente não está capacitada para as experiências múltiplas do sexo sem amor, sem responsabilidade, conforme sempre foi imposta àquelas que têm sido empurradas para os prostíbulos e as casas de perversão e de indignidade humana, como escravas das paixões asselvajadas de psicopatas aturdidos sedentos de gozo animalizado...

O direito à liberdade de ação, de deliberação e escolha no lar e na sociedade é conquista que a mulher adquiriu e que não pode ser confundida com arrogância nem procedimentos de confrontos, nos quais os conflitos interiores predominam em fugas inúteis que surgem como soluções apressadas, e que não resolvem o grave problema dos relacionamentos humanos, sejam nas parcerias afetivas ou noutras quaisquer.

Direitos igualitários

Em nosso conceito pessoal, o *Self* abrange todos os demais arquétipos ou é o responsável pela sua existência, especialmente harmonizando a *anima* e o *animus*, cujos conteúdos constituem-lhe a síntese perfeita no que diz respeito às manifestações sexuais do ser, armazenando as experiências vividas anteriormente, ora em uma organização biológica ora em outra.

Durante o largo processo da evolução antropológica, adquiriu uma e outra experiência, incorporando-as com as suas características essenciais, estruturando a individualidade pela qual se expressa.

Predominando as heranças primárias – em face do larguíssimo tempo em que transitou nessas experiências –, aquelas que melhor contribuíram para os mecanismos do aprimoramento intelecto-moral da atualidade vêm ressumando através das reencarnações como impositivos de vigência da força para a sobrevivência dos mais bem equipados, em detrimento das aquisições emocionais que oferecem valores éticos para a continuidade da existência física...

Como efeito inevitável, os fenômenos hormonais destacaram o *animus* com mais vigor, propiciando a falsa conceituação machista de domínio e de poder.

Nada obstante, as experiências da *anima* produziram sentimentos de nobreza e de renúncia, de docilidade e de abnegação, que hoje, diante das conquistas do saudável feminismo, propiciam a compreensão dos direitos da mulher equipada de requisitos elevados que lhe facultam a plenitude pessoal e a edificação de uma sociedade justa.

Sendo o *Self* na sua estrutura psicológica *assexuado*, avança na escalada humana em busca da *individuação*, assimilando os méritos transcendentes do *animus* e da *anima*, de modo a superar os impositivos biológicos da anatomia fisiológica, resultando em harmonia psicológica e de comportamento emocional.

Quando as experiências repetem-se, contínuas, em um arquétipo – *animus* – por exemplo, as características orgânicas a par das imposições sociais e culturais predispõem-no ao machismo arbitrário. Quando ocorre a prevalência da *anima*, inevitavelmente a docilidade e a submissão sobressaem no comportamento, dando lugar à aceitação das cargas arbitrárias de injustiça e até de crueldade.

Quando ocorre, porém, a mudança abrupta de uma variante – *animus* repetitivo e *anima* de repente ou vice-versa – a anatomia pode ser totalmente inversa à psicologia, dando lugar a um indivíduo em conflito quanto à sua sexualidade, não raro, experimentando transtornos íntimos, insegurança emocional e medo de assumir o impositivo psicológico diferente do fisiológico.

A educação moral, no entanto, ao lado de um saudável programa social contribui para o equilíbrio comportamental, destituído das descabidas exigências dos hórridos preconceitos ou das licenças morais extravagantes que conduzem à promiscuidade.

A igualdade dos direitos para ambos os sexos significa progresso moral e social da Humanidade que, lentamente, deixa as condutas primitivas para ascender na escala do progresso, superando a pouco e pouco as fortes impressões do barbarismo e facultando-se a legítima organização de uma sociedade harmônica e digna.

Eis por que, no trânsito da conduta ancestral, perversa e primitiva, na qual predominavam as vigorosas regras do machismo doentio, não há lugar para comportamentos feministas que pretendam diminuir o homem e tomar-lhe os hábitos insalubres, como significado de libertação da mulher.

A questão é mais profunda quando examinada psicologicamente, levando-se em consideração o bem-estar e a saúde integral do homem, assim como da mulher.

É de primordial importância uma análise de conteúdos emocionais que faculte a identificação das condutas humanas, mediante as quais cada um possa conseguir identificar-se com a sua realidade pessoal – o Si profundo – com o *ego*, contribuindo em favor de uma nova sociedade equilibrada e feliz.

Numa inversão de valores, na *luta* existente entre homens e mulheres, a imposição pela liberdade sexual feminina, numa demonstração doentia de prazeres orgânicos com prejuízo para as emoções, em tentativas de superar os velhos chavões de *objetos*, valiosas unicamente pelas concessões morais que se permitem, nada obstante permanecem na mesma situação deplorável de *coisas descartáveis* que se usam e se abandonam sem qualquer respeito ou consideração.

Expondo-se exageradamente, fomentando o comércio vil do sexo sem significado, em profissionalização e banalização dos sentimentos, a mulher atira-se no abismo modista, gastando juventude e saúde, a fim de manter-se nos absurdos padrões de beleza estereotipada, marchando inexoravelmente para enfermidades e transtornos psicológicos imediatos e mediatos, na solidão, no esquecimento ou atirada ao ridículo, ao vexame, quando já nada mais tem a oferecer...

Poder-se-á, porém, aguardar um dia, no qual homens e mulheres, perfeitamente integrados nas suas funções – emocionais, sociais, fisiológicas e mentais – se harmonizarão sem hostilidades reais ou disfarçadas, sem bengalas psicológicas de superioridade ou conflitos de inferioridade?

Sem qualquer dúvida, porque esta é a fatalidade da Lei de Progresso da vida.

Trabalhando-se pela conquista da *individuação* de cada ser, o processo de evolução se encarregará de unir as criaturas em perfeita identificação de propósitos e de objetivos morais, dando lugar a uma geração nova, conforme anelada por todos.

    Superando-se, a pouco e pouco, os conceitos arcaicos machistas e os modernos e revolucionários feministas, homens e mulheres integrados na consciência dos deveres pessoais, caminharão juntos, respeitando-se mutuamente e ajudando-se uns aos outros, fomentando o bem-estar pessoal e geral, sem amarras com o passado, nem tormentos em relação ao futuro.

Temas para reflexão

817- São iguais perante Deus o homem e a mulher e têm os mesmos direitos?

"Não outorgou Deus a ambos a inteligência do bem e do mal e a faculdade de progredir?"

(KARDEC, Allan. *O Livro dos Espíritos*.)

(...) Aquele dentre vós que está sem pecado seja o primeiro que lhe atire uma pedra.

(João, 8:7)

5
Relacionamentos afetivos angustiantes

Separações litigiosas masculinas • Separações litigiosas femininas • Separações harmônicas

O ser humano, em face da sua estrutura emocional, é compelido a viver em sociedade. A herança proporcionada pelo instinto gregário leva-o à constituição do grupo familiar, que decorre de relacionamentos afetivos que devem ser cultivados com equilíbrio e sensatez.

Confundindo, muitas vezes, por imaturidade psicológica ou pouco discernimento, as sensações com as emoções, deixa-se arrastar pelos impulsos dos desejos infrenes, estabelecendo compromissos graves mediante relações apressadas, que se transformam em desastres comportamentais.

O despertar da sexualidade com toda a força dos seus hormônios, gerando necessidades aflitivas, responde pela precipitação com que se busca a satisfação imediata, sem a observância das naturais consequências do gesto impensado.

Os impulsos do desejo tornam-se confundidos com as mais sutis manifestações do sentimento do amor, quando a paixão assume o lugar do equilíbrio, instalando-se com vigor na conduta, especialmente do jovem.

Não é, no entanto, esse comportamento exclusivo do período juvenil, podendo manifestar-se com o mesmo poder na fase pré ou pós-climatério feminino, na andropausa masculina, ou também repontar no adulto num período de frustração e de ansiedade, gerador de solidão e de incompletude.

Nessa fase, quando se encontram dois indivíduos que se sentem solitários e insatisfeitos com a existência, resultante da convivência não realizadora no lar ou no trabalho, são levados à permuta de confidências, descobrindo ser portadores de *grande afinidade* nos gostos, nas aspirações, nos ideais, quando o que existe em verdade é somente fuga da realidade.

Precipitam-se em uniões ansiosas, cujos desastres logo se apresentam, passadas as primeiras sensações assinaladas pelos ingredientes da fantasia.

Nesse sentido, os *relacionamentos virtuais* através da *Internet*, quando cada qual oculta os conflitos e transfere-os para a responsabilidade de outrem, ensejam encantamentos paradisíacos, despertam paixões vulcânicas, resultantes todos das insatisfações acumuladas, instalando perigosos transtornos neuróticos de consequências lamentáveis.

Na adolescência, e mesmo depois, a realidade e a fantasia confundem-se, proporcionando à imaginação soluções de fácil ocorrência para qualquer desafio, particularmente no que diz respeito aos relacionamentos afetivos. Entretanto, à medida que o amadurecimento resultante das experiências premia o ser com a satisfação e melhor discernimento em torno da vida, diminuem os ardores que passam ao controle do equilíbrio e da percepção do significado existencial.

É comum, no entanto, prosseguir-se no crescimento somático e intelectual sem um correspondente desenvolvimento emocional, detendo-se na fase lúdica e inconsequente, que se encarrega de criar situações embaraçosas, quando não muito graves.

Se nessa fase inicial da puberdade ou logo após, os relacionamentos se agravam, transformando-se em convivência sexual, por certo, o amadurecimento das emoções demonstrará o erro da escolha, a dor interna do desencanto, a angústia que decorre da eleição feita por precipitação, o transtorno da depressão...

Observando agora, com uma diferente óptica, em volta, o imenso campo de experiências ao alcance de um passo, o indivíduo lamenta a pressa com que procurou atender aos impulsos, dando margem ao surgimento de ojeriza pelo parceiro que lhe tolhe a liberdade de outras opções que no momento lhe parecem ideais e felicitadoras.

Havendo filhos, como resultado da afetividade desgovernada, mais complexo torna-se o quadro da convivência que, infelizmente, termina em separação litigiosa, com acusações pesadas de parte a parte, assinalando profundamente a psique da prole, quando cada um dos litigantes não se escuda nos filhos para melhor ferir o outro, a quem atribui a culpa do insucesso...

A predominância dos impulsos sexuais na fase juvenil do ser humano está a merecer expressiva contribuição psicológica e educacional, a fim de que se possam evitar os desastres que decorrem da insensatez e da precipitação.

A herança da abstinência forçada por motivos religiosos ou decorrentes da ignorância ainda mais agrava a situação dos jovens em desenvolvimento, por não saberem como canalizar o excesso de energias de que se sentem possuidores.

O preconceito assim como a vulgaridade com que são abordados os fenômenos fisiológicos do sexo e as suas funções, castram ou liberam os adolescentes que lhes temem o uso ou se entregam às licenças morais perniciosas, que se transformam em vícios sociais e morais com prejuízos graves para a sua estabilidade comportamental.

O sexo merece ser estudado desde muito cedo, na vida infantil, com os mesmos direitos de esclarecimento que se concedem aos demais órgãos do corpo, no que diz respeito à higiene, ao uso, à finalidade.

Deixar-se para serem feitas essas abordagens posteriormente ao seu uso, é como tentar-se aplicar terapêutica em processos enfermiços quando já se encontram instalados, dispondo-se, no entanto, dos recursos preventivos.

Desportos e estudos, disciplinas sem rigidez e com amizade, relacionamentos afetivos com significados fraternais, intercâmbio de ideias e convivência saudável, podem contribuir valiosamente para facilitar o trânsito no período juvenil sem traumas nem compromissos precipitados de efeitos danosos.

Entretanto, para que esses objetivos sejam alcançados, fazem-se necessárias a harmonia doméstica, a convivência com a prole por parte dos genitores, as conversações esclarecedoras, a confiança recíproca, a amizade sem submissão nem temor...

Nesse campo de experiências equilibradas o amadurecimento psicológico estabelece-se, produzindo percepções seletivas entre paixão e amor, desejo e afeto, uso e abuso das funções geradoras da vida.

Separações litigiosas masculinas

Como decorrência da conduta mais liberal sempre concedida ao homem, o matrimônio ou a parceria afetiva nem sempre logra insculpir-se-lhe como um compromisso relevante, no qual a fidelidade é fator de primeira grandeza para o sucesso do relacionamento.

Logo passadas as emoções da convivência anelada, porque ainda não experienciada, surgem a realidade e o dever, derrubando as máscaras da conquista pessoal de cada um, assim desnudando a individualidade que passa a ocupar o lugar da personalidade.

Observam-se melhor os hábitos e costumes, o significado do compromisso familiar, surgindo os medos, a insegurança em relação ao sucesso da eleição feita. O que antes se apresentava com certa dose de encantamento, pelo repetir-se, adquire a monótona condição de falta de criatividade, produzindo cansaço e certo mal-estar. As queixas, que começam a surgir, resultado inevitável de pequenas insatisfações que fazem parte do cotidiano, empurram para a saturação da convivência, e a perda dos temas de conversação abre espaço para o perigo em torno do relacionamento.

O que antes representava liberdade de movimentação e de ação, agora se expressa com menos poder, porque a convivência a dois impõe responsabilidade na conduta, já não sendo lícita a atividade individual, sem que haja o necessário esclarecimento ao outro, a justificação e o pedido de apoio.

Normalmente, a princípio, um parceiro afetivo demonstra confiança em relação ao outro. No entanto, à medida que se repetem os momentos de independência de um deles, o que fica passa a ter ideia de que está sendo marginalizado, que a sua não é mais a companhia desejada, desconfiança que se instala facultando conflitos futuros.

Acostumando-se a estar juntos no período de encantamento, quando surge alguma distância, a atenção é liberada para a nova atitude, que desperta ciúme e exige explicações.

O ser psicológico é muito complexo, em face das heranças evolutivas que carrega no *Self*, misturando ansiedade e insegurança emocional com prazer e acomodação afetiva.

Não se trata de perda de liberdade no sentido literal, mas de diminuição de independência de movimentos, de aspirações, de realizações. As questões devem ser agora, quando surge e se instala a parceria, debatidas por ambos os membros, os deveres e responsabilidades divididos e assumidos, os planos trabalhados em conjunto com o melhor empenho.

Os conflitos que estão acumulados no inconsciente ressumam e não são aceitos pela consciência que os escamoteia, transferindo a responsabilidade para o outro, a fim de ficar-se bem consigo mesmo.

Inevitavelmente, porém, passam a fazer parte das reflexões, tanto no homem como na mulher, os conflitos do lar de onde cada um procede, as experiências infantis menos felizes, as imposições injustas a que foram submetidos, produzindo-lhes sensações de desamparo e de desconforto.

Se o homem é de temperamento introvertido, mais difícil torna-se a convivência, porque ele evita falar sobre o assunto, assumindo atitude enigmática, transtornando a companheira que passa a ter dificuldade de entendê-lo. Nenhum relacionamento de qualquer natureza e especialmente o afetivo pode sobreviver quando o mutismo toma conta de algum dos envolvidos.

Se é extrovertido e a tudo se submete de maneira superficial, torna-se explosivo, é imprevisível e de difícil controle.

Em ambos os casos, surge uma fissura na afeição que, se não admitida e corrigida, transforma-se em espaço que se amplia, afastando os afetos e levando-os a ideias perturbadoras que não correspondem à realidade.

O diálogo é o método eficaz para dirimir incompreensões, porém feito no alto nível do respeito em torno da opinião do outro, sem qualquer tipo de imposição, que resultaria num impedimento para a compreensão que se deseja.

É impraticável esperar-se que a união de dois indivíduos que se amam seja sempre tranquila, sem sinuosidade ou sem desafios emocionais.

Cada pessoa é uma construção psicológica específica que se encontra com outra a fim de produzir uma harmonia e não uma fusão, no que resultaria em perda de identidade em alguém, conforme ocorria no passado com a mulher submissa, que não tinha o direito de pensar, de sentir, de viver, somente o de submeter-se...

Não havendo a oportunidade da discussão em torno das dificuldades que devem ser sanadas, um ou outro podem fugir para o passado, quando não enfrentavam problemas dessa natureza, acreditando que aquele foi o período real de sua felicidade...

O homem, com mais frequência, refugia-se nas lembranças, apega-se-lhes e recusa-se a aceitar novos direcionamentos, porque somente vê o problema na companheira que *o não entende,* que *deseja impor-se* sem a menor consideração.

A vida, porém, são fenômenos que se repetem, mas também acontecimentos novos, sucessivos, que impõem crescimento moral e intelectual, ampliando a capacidade de entender o processo de evolução.

Os eventos passados, queira-se ou não, influenciam o presente, especialmente porque não foram liberados nem esclarecidos, continuando como arquivos semimortos pesando no inconsciente.

E porque normalmente se teme aquilo que se desconhece, há uma reação inconsciente para equacionarem-se os enigmas interiores, deixando-se que eles permaneçam com a sua dominação arbitrária.

Com o passar do tempo surgem os mecanismos de transferência afetiva e se manifestam as insatisfações que impõem procedimentos estranhos, que irão culminar nas separações litigiosas, impostas pelo parceiro que pretende ignorar as próprias dificuldades, transferindo-as para a mulher.

Quase sempre, nesse período, surgem terceiras pessoas que passam a influenciar a conduta daquele que se encontra incompleto, nascendo as aparentes afinidades, culminando em complicadas ligações extraconjugais, que irão influenciar fortemente a separação da parceira anterior.

Essa solução imprópria irá culminar em futuros conflitos, quando surgirão acusações mútuas, porque o problema não se encontra noutrem, mas no íntimo de cada qual.

Em alguns casos, a problemática no homem é resultado do seu crescimento no trabalho ou na empresa em que se encontra, fascinando-se pela conquista de patamares sociais e econômicos, políticos ou artísticos elevados que persegue, deixando a parceira na incômoda situação de segundo lugar. Esfalfa-se no labor empresarial e está sempre cansado no lar, sentindo-se incompreendido por não ser acompanhado na sua ambição, sem dar-se conta de que o ser ao lado igualmente desfruta do mesmo direito de anelar por viver bem, em parceria, sem impedimento de qualquer outra natureza.

Instalando-se a antipatia, surgindo interferências externas, desaparece o interesse sexual, esfria-se a afetividade e o antigo encanto cede lugar à indiferença que culmina em separação complicada.

Havendo filhos e bens a repartir, os sentimentos perturbam-se mais, as mágoas acentuam-se e a animosidade substitui a confiança antiga, produzindo atitudes de violência, de desconsideração e de ressentimentos que serão discutidos em tribunais, a prejuízo da família em particular e da sociedade como um todo.

Será sempre ideal a preservação do respeito pelo parceiro, notadamente quando genitor masculino ou feminino da prole, de modo a não produzir conflitos psicológicos nos filhos, tanto quanto neles mesmos.

A imaturidade emocional, no entanto, prefere as atitudes agressivas, porque a afetividade não teve significado profundo, sendo superficial em decorrência dos desejos malcontidos e das necessidades de união precipitada.

Os danos psicológicos marcam significativamente mesmo aqueles que se creem vitoriosos quando saem desses relacionamentos tumultuados.

Separações litigiosas femininas

Em face do atavismo em torno da *fragilidade da mulher*, remanesce, ainda na atualidade, no inconsciente feminino, a marca da discriminação multimilenar de que foi vítima, gerando-lhe insegurança e timidez.

Tradicionalmente, o casamento constituía-lhe um mecanismo de fuga do despotismo doméstico, a busca da autorrealização, o anelo pela maternidade, a realização do próprio lar. Para consegui-lo, não poucas vezes, a mulher transferia-se de uma situação arbitrária de dependência para outra, submetendo-se a circunstâncias vexatórias, desde que pudesse manter uma aparência de segurança, em face da proteção masculina que recebia.

O estado de solteira constituía-lhe um sinal de desprezo e de inferioridade social e pessoal, valendo, por isso mesmo, o esforço para conseguir um matrimônio, embora sob injunções aflitivas.

O despotismo machista só raramente lhe concedia o direito à própria identidade, tornando-a parceira nas resoluções domésticas e sociais, embora a carga das responsabilidades e tarefas sempre lhe pesasse sobre os ombros.

Por natural efeito dessa herança mórbida, muitas mulheres ainda acreditam que o casamento representa uma conquista autorrealizadora, empenhando-se por consegui-lo, mesmo quando não se encontram emocionalmente amadurecidas para as responsabilidades e as injunções penosas.

Não experientes em relação às sensações decorrentes dos relacionamentos sexuais, facilmente deixam-se arrastar pelas ilusões e estímulos que recebem, comprometendo-se inadvertidamente, e buscando, no matrimônio, a regularização da situação instável.

Quando se permitem as licenças morais contemporâneas, acreditam na ilusão do prazer em detrimento das graves posturas que lhes dizem respeito.

No primeiro caso, à medida que transcorre o tempo e os sentimentos amadurecem, os conflitos se sucedem, as experiências de união já não proporcionam o mesmo impacto inicial, sentem-se traídas, quando não o estão sendo realmente, ou frustradas na busca de independência, vivendo solitárias, embora a companhia, e desejando a liberdade a qualquer preço.

Descobrindo, a pouco e pouco, o caráter e o comportamento dos maridos ou companheiros, passam a exigir mais atenção, a reclamar os direitos que lhes dizem respeito, iniciando-se os litígios de breve ou longo curso, que culminam em situações delicadas, quando não agravadas pelas inesperadas reações de agressividade e grosseria do outro.

Mediante fenômenos de transferência de conflitos, passam a ver no marido, como a figura detestada dos genitores que as molestaram ou afligiram com a sua indiferença ou com a sua prepotência, surgindo o anseio de vencer o adversário que permanece na sua perseguição hedionda, deixando-se consumir pelo sentimento de vingança e de ódio.

Inevitavelmente, esfria-lhes o interesse afetivo e sexual, atormentando-se diante do hábito mantido, direcionando os interesses para outrem que lhes parece oferecer maior soma de prazeres e de compreensão, o que, não raro, se trata de uma ilusão, de um mecanismo de fuga da realidade aflitiva.

Outras vezes, cansadas das incompreensões, da indiferença do parceiro ou da sua prepotência, das exigências no tálamo conjugal, que as amesquinham, permitem-se dominar pela ojeriza que se transforma em cólera, sentindo-se desprestigiadas ou feridas nos seus brios.

As discussões sucedem-se, a animosidade recíproca aumenta e os conflitos terminam em lamentáveis separações com prejuízos emocionais muito graves, especialmente aqueles que se derivam do ódio que tem sede de vingança e de destruição do outro.

É certo que muitos fatores conspiram para tal situação. Descobrindo, posteriormente, a necessidade emocional da autorrealização, do destaque na sociedade, na conquista de um *lugar ao sol,* não apenas a posição de *dona de casa,* a mulher passa a competir consciente ou inconscientemente com o parceiro, a fim de *mostrar-lhe o alto valor* que se atribui, utilizando-se das armas da insolência, da falsa superioridade, da inteligência e da emoção...

Confundindo os sentimentos da maternidade com os de liderança que lhe são inatos, aturde-se, optando pelo desamor, quando poderia experienciar a convivência pacífica, os diálogos honestos, as compensações afetivas.

Nos dias atuais, em razão das conquistas femininas, deixa-se consumir por uma surda rebelião contra o homem a quem se vincula, trabalhando para ultrapassá-lo, submetendo-o ao talante do seu capricho, utilizando-se mesmo dos seus hábitos insalubres como o tabagismo, o alcoolismo, a liberação sexual, a fim de afrontá-lo, em tentativas bem urdidas de feri-lo.

Algumas vezes consegue o intento, por estar diante de indivíduos psicologicamente infantis, também inseguros e instáveis, gerando situações deploráveis, nas quais ambos descem a níveis inferiores de conduta, com agressões recíprocas de consequências imprevisíveis.

É perfeitamente natural que um consórcio de qualquer natureza, não atingindo os fins para os quais foi estabelecido, seja desfeito com perfeita compreensão dos parceiros, especialmente no que diz respeito aos de relacionamentos afetivo e sexual. Nada obstante, o *ego* dominador de cada membro sempre se refugia num tipo de autocompaixão falsa, apresentando-se como vítima do outro, nunca assumindo parte da responsabilidade pelo insucesso do empreendimento.

A união afetiva é também uma empresa das mais complexas, pelo fato de a convivência contínua ser de natureza íntima, intransferível, interpessoal, exigindo responsabilidade e compreensão de ambos os membros.

Os melindres, as inseguranças, os conflitos devem ser analisados em conjunto, em vez de escamoteados no inconsciente, de modo a aparentar-se uma harmonia que não existe, dando lugar a processos neuróticos de fixações e de receios que se transformam em problemas de difícil solução, caso não se recorra à psicoterapia cuidadosa.

A mulher, portanto, despreparada para a união sexual e a convivência afetiva em longo prazo, logo se manifestam as dificuldades que deveria enfrentar com a mente e o sentimento abertos para a regularização, opta pela separação, impondo condições ou defendendo-se das exigências do companheiro, a fim de sentir-se compensada dos sofrimentos e do tempo que foi *desperdiçado* na experiência de que se deseja libertar.

O tempo, no entanto, somente é desperdiçado, quando passa em vão, na futilidade dourada, no jogo dos interesses mesquinhos, porquanto dele nada se obtém de útil, senão o tédio e o desencanto.

As experiências constituem um patrimônio de alto valor, especialmente aquelas que ensinam como não mais se devem repetir, facultando o crescimento interior do indivíduo e o seu amadurecimento psicológico.

Optando, desse modo, pela separação litigiosa, desgasta-se, também a mulher, que passa a vivenciar conflitos profundos em relação ao homem, amargurando-se e armando-se contra futuras uniões que passa a anelar e a temer.

As criaturas humanas são Espíritos eternos, possuindo a divina presença no imo, a fim de que se possam conduzir com sabedoria e amor, no entanto, as heranças ancestrais do processo de evolução antropológica em predomínio, levam-nas a reações de autodefesa, de agressividade, dando ao *ego* primazia em detrimento do *Self.*

Separações harmônicas

A afetividade é indispensável para a saúde emocional, quando se apresenta de maneira tranquila e enriquecedora.

Nenhuma criatura humana pode viver sem o calor da sua presença.

Graças à sua influência, os indivíduos alcançam os patamares mais elevados da glória, na santificação, nos ministérios sociais, políticos e artísticos pelos quais transitem.

Facilitadora da dedicação extrema, ela apresenta-se num elenco de manifestações que alcançam variadas expressões de vida.

A afetividade que une dois indivíduos na conjunção dos sentimentos nobres para a constituição do lar, é fonte de benefícios que se podem transformar em conquistas valiosas de iluminação e de harmonia.

No entanto, não é assim que ocorrem as suas expressões iniciais, sendo mais impulsos de posse, de desejos luxuriosos do que de sentimentos de equilíbrio e de fusão transcendental. Isto porque, a predominância do primarismo nos refolhos da psique fazem jazer armazenadas as experiências iniciais, abrindo pequenas brechas para as vivências da razão e do sentimento.

As uniões pela afetividade, quase sempre expressam necessidades de relacionamento sexual, em detrimento de companheirismo, de convivência com outrem, de compartilhamento de emoções.

Vivendo-se breves momentos de prazer no cotidiano, os instintos açulam-se com facilidade, impedindo que as emoções se expressem com harmonia, de forma a produzir vinculações profundas e significativas.

O *ego* insaciável, irrequieto, impede as manifestações equilibradas do *Self*, mantendo o jogo dos gozos rápidos e sem significação, a prejuízo das satisfações profundas que se expressam em realização interpessoal.

Em decorrência, surgem o egocentrismo e o egoísmo responsáveis pelas atitudes infelizes nos relacionamentos de qualquer natureza, em particular, naqueles de caráter afetivo, nos quais o seu portador somente espera fruir sem dar, acreditando-se especialmente constituído de valores que o credenciam a direitos especiais.

Aí surge o fator de desequilíbrio, levando à separação litigiosa. No entanto, quando existem sentimentos de nobreza, os parceiros dão-se conta das dificuldades que enfrentam e tentam restabelecer a união, cada qual de sua parte, envidando esforços para preservar a conquista realizada.

Lentas modificações operam-se no comportamento, de modo que resultam na descoberta de valores esquecidos que volvem à consciência, contribuindo para o bom entendimento.

Muitas vezes, porém, torna-se difícil ou irrealizável a reconstrução do relacionamento afetivo, chegando-se à conclusão de que o melhor caminho é a separação física, mantendo o respeito e o entendimento, particularmente quando existem filhos, cuja saúde emocional deve ser preservada a qualquer custo.

Nos rompimentos litigiosos surgem os distúrbios psicológicos como outros psicopatológicos, que se alongam durante a existência, transformando-se em ódios e cânceres morais de erradicação improvável.

No entanto, quando existem saúde emocional e amadurecimento psicológico em ambos os parceiros, as soluções harmônicas cicatrizam as chagas dos desentendimentos, eliminam as acusações recíprocas e restabelecem a saúde nos seus diversos aspectos.

As pessoas, embora tristes com a ocorrência da separação, encontram-se amadurecidas para futuras uniões, sem os erros da experiência encerrada.

Com o tempo nasce um sentimento de gratidão pelo parceiro gentil – masculino ou feminino – que soube preservar a amizade, embora o insucesso da relação afetiva.

Assim devem ser os comportamentos maduros de pessoas que anelam pela felicidade, sem a participação preponderante do egoísmo e seus derivados.

Por isso mesmo, Jesus referiu-se à questão do escândalo, mais no sentido de um tropeço, de uma dificuldade, do que propriamente de uma aberração, de um fato imoral, de um escarcéu...

Ele ocorre por imprevidência, por imaturidade, sendo pesada a carga na consciência daquele que o comete, caso a

Encontro com a paz e a saúde

sua seja a intenção de ferir, de perturbar, gerando situações deploráveis.

Nesse caso, ai daquele que assim procede, porque adquire conflitos na consciência atual ou transfere-os para a futura, de que não se liberará facilmente, incidindo em tormento de culpa...

Todo relacionamento afetivo é feliz, quando existe respeito entre os parceiros, resultando ou não em prolongada união.

Dele sempre defluem benefícios que podem ser armazenados a favor de ambas as partes.

Pessoas adultas, psicologicamente amadurecidas, agem, portanto, com equilíbrio, sem precipitação, tanto no que diz respeito aos relacionamentos que se iniciam após reflexões e análises cuidadosas, quanto às separações de natureza harmoniosa, como gratidão pelas horas felizes que experienciaram juntos.

Com atitudes desse porte, a sociedade preservará sempre os laços de família, havendo ou não prole, como recurso básico para a constituição de grupos felizes, que aprendem a amar-se e a respeitar-se dentro dos parâmetros da liberdade de escolhas afetivas.

Redescobre-se que o amor é livre sem ser libertino e que as criaturas podem e devem unir-se através dos seus vínculos, respeitando as leis constituídas dos diversos países, porém com direito de separar-se legalmente, sem que as uniões sejam para toda a existência, o que viola o direito de felicidade, tendo em vista os processos normais de crescimento intelecto-
-moral, de desenvolvimento da consciência, de experiências evolutivas, de necessidades emocionais e espirituais.

A vida é rica de bênçãos, e os impositivos para fruí-la, as castrações impostas, são decorrência de transtornos de conduta e de visão estreita de indivíduos conflitivos e infelizes.

Temas para reflexão

775 - *Qual seria, para a sociedade, o resultado do relaxamento dos laços de família?*

"Uma recrudescência do egoísmo."

(KARDEC, Allan. *O Livro dos Espíritos.*)

(...) É impossível que não haja escândalos, mas ai daquele por quem vierem!

(Lucas, 17:1.)

6
Transtornos mentais e obsessivos

Transtorno esquizofrênico • Transtorno obsessivo • Diversidade das obsessões

No ano de 1873, quando foi nomeado diretor do Hospício de la Bicêtre, o jovem Dr. Philippe Pinel não tergiversou em definir como uma das suas primeiras providências libertar os 53 pacientes esquizofrênicos que ali jaziam sepultados vivos, distantes de qualquer assistência médica ou socorro fraternal. Encarcerados em verdadeiras jaulas, alguns estavam prisioneiros há mais de um decênio.

A esquizofrenia era, então, considerada enfermidade incurável, de etiopatogenia desconhecida, verdadeira *punição divina* imposta às criaturas para servir-lhes de corrigenda espiritual.

Considerando o paciente mental como credor de respeito e consideração, o moderno *pai da Psiquiatria* ensejou oportunidade de serem aplicadas terapêuticas que pudessem minimizar os males decorrentes da grave psicose, abrindo espaço para a vigência da esperança. E caso não conseguisse melhorar os seus enfermos, acreditava que os amaria, restituindo-lhes a dignidade perdida e o sentimento de humanidade.

Lentamente, os métodos bárbaros aplicados aos loucos foram cedendo lugar a tratamento mais humano e condigno, de modo que fossem vistos como enfermos e não como merecedores de extinção.

O exemplo do Dr. Pinel foi seguido em Londres, pelo eminente Dr. Tucker e em Roma pelo Dr. Chiarucci, que os libertaram dos cárceres coletivos em que se encontravam praticamente esquecidos.

Os progressos, no entanto, nessa área, durante decênios, foram mínimos.

O cérebro permanecia como um grande desconhecido, portador de mistérios que, somente, a pouco e pouco, seriam elucidados.

Quando o Dr. Pierre Paul Broca apresentou à Sociedade de Antropologia de Paris, no dia 18 de abril de 1861, o resultado das suas pesquisas no cérebro do senhor Leborgne, que necropsiara na véspera, e que se tornara famoso pela impossibilidade de enunciar palavras, somente repetindo o monossílabo *tan*, como decorrência de um tumor em desenvolvimento na terceira circunvolução frontal esquerda, que passou a ser denominada como *centro de Broca* ou *centro da fala*, começaram a cair as barreiras que impediam a real compreensão do cérebro.

Na década 1880–1890, as notáveis investigações do Dr. Jean-Martin Charcot, utilizando-se da hipnose, em memoráveis sessões, às terças-feiras, na Universidade de la Salpêtrière, que reuniam os mais cultos e audaciosos médicos de Paris e de outras cidades europeias, abriram-se mais amplas possibilidades de penetração nos arcanos cerebrais, a fim de identificar somatizações, conflitos profundos, alterações da personalidade, personificações múltiplas...

A histeria, que então dominava os interesses dos estudiosos, digladiando-se os mestres Liébeault e Bernheim, da Universidade de Nancy, que a consideravam de natureza fisiológica, com os pesquisadores de la Salpêtrière, que a tinham em conta de psicológica, facultou melhor compreensão do subconsciente e, logo depois, com a valiosíssima contribuição de Sigmund Freud em torno do inconsciente...

Tampouco se pode olvidar a grandiosa contribuição do eminente Wilhelm Griesinger, que estabeleceu dois princípios fundamentais na Psiquiatria: os distúrbios mentais devem ser classificados, e para serem devidamente tratados é necessário que investiguem as suas causas nas enfermidades dos órgãos. Desse modo, atribuía às problemáticas fisiológicas a responsabilidade pelos distúrbios mentais.

Anatomopatologistas dedicados, quais Cuvier e Florens, investigando cadáveres, aprofundaram o bisturi na massa encefálica e descortinaram novos horizontes para o entendimento dos transtornos mentais e comportamentais.

Sem dúvida, a contribuição grandiosa de Freud, de Jung, de Adler, seus eminentes discípulos, igualmente do Dr. Bleuler e outros nobres investigadores, tornou mais compreensíveis os mecanismos da psique e mais claras as percepções em torno das alucinações, das demências, da loucura...

O psiquiatra alemão Emil Kraepelin, discípulo de Griesinger, tanto quanto Hughlings Jackson fizera anteriormente, demonstrou ser o cérebro o responsável por faculdades e funções complexas, desmistificando os hemisférios e o seu corpo caloso, de tal modo, que as modernas neurociências podem alegrar-se com a contribuição valiosa do passado, que lhes facultou a identificação dos mecanismos neuronais e respectivas sinapses.

A esquizofrenia, embora passando por grandiosos experimentos, é considerada na atualidade como um distúrbio *que engloba várias formas clínicas de psicopatia* e distonias *mentais próximas a ela.*

Nela predomina a característica identificada como *dissociação e assintonia das funções psíquicas, disto decorrendo fragmentação da personalidade e perda de contato com a realidade.*

Além dos fatores preponderantes da hereditariedade, das enfermidades infecciosas e suas sequelas, bem como daqueles de natureza psicossocial, socioeconômica, afetiva ou traumatismos cranianos, o paciente aliena-se, tentando libertar-se de uma ignota *consciência de culpa*, construindo o seu mundo emocional e comportamental, vivendo outro tipo de realidade.

As terapêuticas humanas, realmente compatíveis com os fenômenos esquizofrênicos, vêm ensejando resultados auspiciosos em favor dos enfermos dessa natureza.

Das experiências do Dr. Sakel, mediante os choques de insulina e metrazol, realizados em sua clínica na cidade de Viena, aos experimentos do eletrochoque, e hoje aos modernos barbitúricos, com a simultânea contribuição psicoterápica, o conhecimento da esquizofrenia e suas sequelas avançou muito, facultando possibilidades mais amplas, no futuro, para tratamentos mais adequados e de resultados felizes.

A verdade, é que o paciente esquizofrênico já não é considerado como prejudicial à sociedade, que antes lhe exigia a exclusão dos seus quadros, internando-o nos terríveis hospícios ou manicômios, onde era tratado com desdém e crueldade, pelo *crime* de ser enfermo.

Desde que não se encontre em período de agressividade, ele pode permanecer no lar, mantendo vida social, relativamente organizada, sendo exigidos da sociedade maior compreensão e respeito, de forma que contribua em favor da sua recuperação, ou, pelo menos, da relativa normalidade da sua existência.

A indiscutível contribuição da Psicologia e da Psicanálise, penetrando nos arcanos do inconsciente do enfermo, auxilia-o a superar os conflitos jacentes que o atormentam de maneira cruel, sem que possa entender o que se passa no seu mundo íntimo. Herdeiro dos arquétipos ancestrais, muitos deles tornam-se adversários soezes da sua paz, afligindo-o continuamente.

À medida que o paciente se vai conhecendo, melhormente se equipa de recursos para vencer o lado escuro, o *lado sombra* da sua personalidade em conflito e perturbação.

Passando a identificar outro tipo de realidade, vai-se-lhe adaptando, experienciando o prazer da convivência com as demais pessoas, em vez de evitá-las e tê-las como inimigas, portanto, fruindo alegria de viver.

Transtorno esquizofrênico

A alienação mental, sob qualquer aspecto considerada, constitui tormento de grande porte, em face da distorção da realidade que envolve o paciente.

Incapaz de compreender as ocorrências existenciais, arma-se de revolta e de animosidade contra tudo e todos, em mecanismo inconsciente de defesa, de modo a enfrentar quaisquer situações de maneira agressiva, sem ideia das consequências que advirão.

Apresentando-se em qualquer período da existência física, tem caráter hebefrênico, quando atinge os jovens em plena adolescência, neles produzindo alterações na área da afetividade, estados de regressão, hipocondria...

Na idade adulta, expressando-se de maneira perversa, induz a vícios e dependência alcoólica, ou deles decorrentes, à perda da sensibilidade afetiva, da lucidez racional lógica, encarcerando o paciente em conflitos íntimos tormentosos, que o levam a delírios e à agressividade inesperada.

Na mente distorcida em que se encontra o paciente, a realidade comparece de maneira mágica e perturbadora, apresentando quadros terrificantes que impelem à violência como consequência do terror que se lhe instala.

Pode apresentar-se de um para outro momento, ou desenvolver-se lentamente, sempre grave a dissociação entre os sentimentos e a inteligência, isto é, acontecem as alterações afetivas enquanto ainda se expressam relativamente bem as faculdades intelectuais.

Há uma grande variedade de sintomas, porquanto alguns pacientes apresentam distúrbios na esfera moral, levando-o a atos delituosos, enquanto outros sofrem de despersonalização, não mais se identificando ou deixando-se desintegrar, indiferentes, na área psicológica.

Normalmente apresentam-se perturbações da conduta, exteriorizando-se de maneira bizarra e esdrúxula, traduzindo a desagregação mental.

De alguma forma, no começo, em forma psicastênica progride até ao estado de adinamia funcional, adicionando-se obsessões, fobias, escrúpulos, remorsos, conflitos contínuos.

Podem ser classificados diversos tipos de perturbações características da conduta esquizofrênica: rigidez, desagregação do pensamento, incoerência, ideias delirantes, entre as quais as de perseguição.

São inumeráveis as causas etiopatogênicas, variando desde aquelas de aspecto morfológico, às fisiológicas, propriamente ditas, assim como as de natureza psicológica.

Diferentes escolas psiquiátricas apresentam as suas causas e discutem-nas com vigor, procurando, cada uma tornar-se determinante, sem a inclusão de outras correntes, igualmente valiosas.

No caso, por exemplo, da *tese sulivaniana*, com exceção dos casos comprovadamente orgânicos, a esquizofrenia *é um distúrbio nas relações interpessoais, que se constitui a partir de intercâmbios humanos desfavoráveis no início da vida*, consistindo em *um estado de pânico ante a realidade*, desse modo, fugindo o paciente para o autismo.

Sob outros aspectos, as heranças genéticas, as enfermidades infectocontagiosas, os traumatismos cranianos respondem por fenômenos orgânicos que se enquadram nas teorias que se referem às constituições corporais leptossômicas, atléticas e displásicas.

Alguns autores, como Leopold Bellak, referem que, do ponto de vista psicossomático, podem-se enumerar as predisposições somáticas, sociopsicológicas e as causas precipitantes psicológicas.

Em face da variedade de conceitos, conclui-se que isso decorre da diferença existente entre um e outro paciente, demonstrando a multiface do problema esquizofrênico.

De acordo com a manifestação que ocorre no enfermo, a causa poderá estar embutida em determinadas funções orgânicas, portanto, fisiológicas, como procedentes de conflitos psicológicos não superados.

É inegável que a sequela de enfermidades já referidas, infectocontagiosas, como a tuberculose, a sífilis, a AIDS, as sexualmente transmitidas, podem levar o indivíduo de constituição emocional débil, ao mergulho no pensamento esquizofrênico, em decorrência do sofrimento experimentado, da falta de esperança de cura, da rejeição social, da solidão a que se entrega.

Em qualquer hipótese, porém, em que seja examinado, o paciente esquizofrênico é um Espírito que perdeu o endereço de si mesmo, carregado de culpas transatas, que procura refugiar-se na alienação, através, naturalmente, dos fenômenos orgânicos e psicológicos que foram impressos pelo perispírito nos genes encarregados da sua organização biológica. Eis por que, esses Espíritos conflitivos sempre reencarnam através de pessoas que tenham os fatores preponderantes para a formação fisiológica propiciatória à instalação do transtorno psicótico profundo.

Através da Lei de Afinidade, aqueles que estão comprometidos perante as Divinas Leis reencarnam-se em grupos familiares, afetuosos ou não, de maneira a resgatarem juntos os débitos acumulados.

Surgem, desde a infância, os ódios, os dramas e conflitos familiares, as exclusões, as perseguições, os castigos físicos injuriosos, que desencadeiam as reações psicológicas predisponentes ao distúrbio grave.

Quando se compreender que o Espírito é sempre o encarregado de modelar a existência que lhe é mais favorável, dispor-se-á de elementos para estudos mais profundos em torno da loucura e suas variantes, cujas raízes estão fixadas no cerne profundo do ser.

Manias e suspeitas, insegurança e complexos de inferioridade como de superioridade, narcisismo, timidez, tormento sexual estão centrados em comportamentos anteriores do Espírito, que não soube conduzir-se com a necessária dignidade, defraudando os códigos da vida, mesmo que sem o conhecimento das demais pessoas.

O importante não é que a sociedade tome conhecimento do deslize moral do ser humano, mas que ele o saiba, levando-o inserido no inconsciente, que lhe constitui o juiz severo encarregado de liberá-lo das consequências dos atos infelizes.

Somos, portanto, da opinião de que as problemáticas dessa como de outra natureza derivam-se dos processos reencarnatórios malsucedidos, reaparecendo como oportunidade de liberação dos erros e identificação com a vida e o equilíbrio.

Saúde mental, tanto quanto física, é resultado da harmonia que deve viger entre o *Self* e o *ego*, estabelecendo-se uma real identificação de finalidade existencial e cumprimento dos deveres de iluminação e de paz interior.

Transtorno obsessivo

Examinando-se o ser humano como um Espírito reencarnado, portador das experiências decorrentes das existências transatas, sabe-se que ele conduz no cerne de si mesmo o resultado das suas ações morais, que o programam para atividades reparadoras, em face de não se ter comportado com o equilíbrio que seria necessário, ou para realizações nobilitantes, o que também pode acontecer durante a fase de reparação moral.

Tudo quanto haja produzido transfere-se de uma para outra etapa evolutiva, o que lhe constitui recurso para crescer interiormente, mediante o sofrimento que o macere ou através das benesses do amor que vige em toda parte.

Em qualquer processo do binômio saúde/doença, encontra-se essa presença profunda, definidora do respectivo fenômeno, como efeito da conduta anterior que o Espírito se permitiu. Ninguém consegue atingir um nível de consciência mais elevado, enquanto se encontre moralmente aprisionado nos compromissos negativos que procedem das experiências anteriores.

Desse modo, é inerente ao Universo a *Lei de Causa e Efeito*, portanto, presente em todos os fenômenos, particularmente na estrutura psicofisiológica do ser humano.

Os atos incorretos, geradores da culpa, instalando-se nas telas sutis do perispírito, irão conduzir o Espírito comprometido a transtornos auto-obsessivos, obsessivos-compulsivos e diversas manias, como mecanismo de correção moral automática, imposta pelas Leis da Vida.

Invariavelmente, porém, como determinadas conjunturas aflitivas são sempre compartilhadas com outros ou mantidas contra os outros: agressões físicas e morais, furtos e desmoralizações, calúnias e traições, homicídios e tramas sórdidas, infelicitando-os, essas vítimas, que se sentem destroçadas, não olvidam o mal que experimentaram. Embora lhes ocorra a morte ou desencarnação, surpreendendo-se com a continuidade da vida, e, diante dos ressentimentos e ódios que assomam, tornam-se dominadas pelos desejos incoercíveis de vingança.

Encontro com a paz e a saúde

Desestruturados emocionalmente, sem valores ético-morais para superar as mágoas que lhes permanecem vivas, optam pelo desforço infeliz, deixando-se arrastar para as lamentáveis situações de justiceiros, de cobradores impenitentes.

Como sempre existem sintonias por afinidades morais e mentais entre os indivíduos de ambos os planos da vida, ei-los atraídos pelos antigos algozes, dando-se início à insidiosa cobrança do mal que lhes impuseram.

Faltando, ao calceta, ao endividado, as reservas morais necessárias para uma existência digna e saudável, em algumas ocasiões, são eles próprios que ensejam o infeliz conúbio com esses severos adversários que geraram...

As obsessões, portanto, propiciadas pelos desencarnados, são muito mais numerosas e graves do que se possa imaginar.

A psicologia dos relacionamentos irá estudar com mais profundidade esse campo ainda inexplorado na sua pauta, considerando a necessidade de estabelecerem-se terapias próprias, de natureza preventiva e curadora, a fim de coibir essa epidemia emocional e mental que toma conta da Terra com frequência, sendo mais grave em determinados períodos como ocorre na atualidade.

Direcionando o pensamento vigoroso contra o adversário, ora no corpo carnal, o Espírito enfermo pelo ódio descarrega vibrações que irão perturbar o equilíbrio de algumas monoaminas no cérebro, dando lugar, pela constância, a futuras depressões, a processos maníacos, a transtornos esquizofrênicos, que somente desaparecem quando o agente é afastado, e não apenas mediante os recursos terapêuticos convencionais.

No caso do socorro psiquiátrico, os barbitúricos aplicados produzem naturalmente a sua ação sem os correspondentes benefícios, que são alterados pelos campos enérgicos produzidos pela incidência das ondas mentais do perseguidor. Na maioria das vezes, a terapêutica medicamentosa gera maior soma de distúrbios, porque mesclada às energias deletérias, os neurônios sofrem impedimentos para que tenham lugar as corretas sinapses, dando espaço ao surgimento de excessos ou escassez de serotonina, de noradrenalina, de dopamina...

Pertinaz e cruel, esse processo produz o surgimento de *personificações parasitárias,* de *personalidades duplas (ou várias),* que são fenômenos de incorporação mediúnica, através da qual o agente pernicioso exerce o predomínio da vontade sobre o paciente, assumindo-lhe o controle mental, passando a expressar-se por seu intermédio.

Em outros casos, ativam-se os núcleos de registros perispirituais e o inconsciente libera lembranças arquivadas, que dizem respeito ao período da convivência inditosa, volvendo o mesmo em forma viva, que se sobrepõe às paisagens atuais, o que mais degrada o ser vitimado.

O prosseguimento da indução penosa, no transcorrer do tempo, termina por desarmonizar as neurocomunicações e desestabilizar os fenômenos neurofisiológicos, instalando-se então os lamentáveis processos de loucura, de alienação profunda, que impedem a fácil ou possível reabilitação do enfermo.

Em fases portadoras de tal gravidade, o agente desencarnado, emaranhando-se nos campos de energia da sua vítima, passa a vampirizá-la, enfraquecendo-a de tal forma que a vitalidade preservadora gasta-se com rapidez, apressando-lhe o falecimento orgânico.

Na sua complexidade, a obsessão pode tornar-se também um mecanismo de aprisionamento para o desencarnado que, após algum tempo, passa a ter *necessidade* desses nutrientes psíquicos que explora no inimigo, transformando-se em vítima da circunstância inditosa que propiciou.

São diversas as vertentes de ocorrências desequilibradoras nas patologias obsessivas, diferindo, cada uma delas, conforme os fatores causais, as resistências do enfermo e as circunstâncias em que têm lugar.

Sempre danosas, os seus efeitos permanecem por mais algum tempo, mesmo quando cessa a incidência causal, após a mudança de conduta do perseguidor.

Nesse capítulo, merece considerar-se, também, as obsessões procedentes de mentes encarnadas, que descarregam as suas vibrações prejudiciais naqueles que são considerados como inimigos e podem gerar distúrbios de vária ordem.

É inegável a ação do pensamento na conduta humana sob qualquer aspecto considerado.

Os impulsos saudáveis são absorvidos com facilidade e transformados em campos de força edificante, harmonizadora, que fomentam o bem-estar, o equilíbrio e a paz. O oposto igualmente se dá, quando *aceitas* essas ondas de ódio, de inveja, de competitividade perturbadora, transformando-se em estados de angústia, desajustamento, desinteresse pela vida, enfermidade...

O ser humano é aquilo que pensa. Diariamente o seu cérebro é bombardeado por incessantes informações de toda natureza, aqui incluindo, também, as procedentes do Mundo espiritual.

A consciência destaca-se nesse ser, como a percepção do mundo e de si mesmo.

A consciência é seletiva por estrutura natural, como é contínua e pessoal, apresentando-se nessas três características de que se constitui.

No seu caráter seletivo, aquilo que mais lhe interessa ou se lhe torna preponderante passa a merecer maior fulcro de atenção. No caso das obsessões, aí ocorre a fixação da ideia exterior que a perturba, através do *monólogo* que se lhe instala, iniciando-se a perturbação.

A continuidade da ação danosa permite conexões de memórias, trazendo de volta a culpa e permitindo-se a punição.

A perspectiva de cada qual ver o mundo conforme a sua própria óptica é resultado da característica fundamental de ser a consciência pessoal, o que resulta na identidade de cada qual.

A consciência, no entanto, pode ser nuclear ou primária, superior ou secundária, conforme o estágio em que o ser humano se encontra.

No estágio primário, são traduzidas as informações recebidas, e é nessa fase que ocorrem as insidiosas perturbações espirituais. Como na segunda fase a consciência é superior, estando aturdida no nível inicial, surge o impedimento para que o paciente alcance a sua identificação equilibrada com a vida, seja portador da capacidade de atender aos seus sentimentos e de relacionar-se bem com o passado, o presente, melhor aspirando ao futuro e selecionando as imagens mentais do processo evolutivo. Há uma inevitável parada nesse processo, em face da instalação do transtorno, detendo-se no círculo estreito das ideias recebidas.

Como a consciência nuclear é indispensável para a eclosão da superior, encontramo-la também em alguns espécimes animais, que a utilizam na caça para a sobrevivência. Sem ela não se pode alcançar o estágio superior, que é uma conquista reservada apenas ao ser humano, ensejando a faculdade de conceitos abstratos, entre os quais, aquele que diz respeito à vida espiritual.

O transtorno obsessivo, desse modo, deve ser cuidado desde as suas manifestações iniciais, evitando-se-lhe o agravamento.

Diversidade das obsessões

Os transtornos de natureza obsessiva, em face da sua especificidade, apresentam-se sob variadas formas, umas sutis, outras graves, e outras muito sérias, transformando-se em problemas psiquiátricos de consequências imprevisíveis.

Em face da multiplicidade dos conflitos que aturdem e infelicitam o ser humano, o Espiritismo apresenta à etiopatogenia dos problemas psicológicos e mentais, a obsessão com o seu cortejo nefando de manifestações, que permanecia desconhecida ou simplesmente ignorada por preconceito científico.

Não cabe à Ciência o direito, ou melhor dizendo, aos cientistas, de negação pura e simples daquilo que ignoram, porquanto é a partir do desconhecimento que surgem as informações e as doutrinas passam a ser consideradas. Aquele que se dispõe ao estudo do ser humano é convidado a uma postura sempre aberta a novas informações, procurando, acima de tudo, o bem-estar dos pacientes, antes que um comportamento arrogante, que nega tudo quanto não pôde comprovar. Impedindo-se essa análise, seu estudo e aplicação, a atitude negativa é mais soberba do que requisito de sabedoria.

Uma rápida análise comprova-o. Antes de Pasteur e suas investigações com o microscópio, bactérias e vírus eram desconhecidos e desconsiderados; sem os critérios estabelecidos inicialmente por Ignaz Semmelweis, perseguido e detestado pelos acadêmicos do seu tempo, a assepsia não era tida em conta; antes do telescópio ignoravam-se as galáxias, os buracos negros, os astros que escapam à visão convencional; sem a valiosa perspicácia e fria análise de Freud, que arrebentou os tabus em torno do sexo e facultou notáveis contribuições à vida psicológica, continuava-se na ignorância de realidades desconhecidas; não fosse a descoberta dos raios X, permaneceriam no obscurantismo as notáveis possibilidades de conhecer melhor o corpo humano, o mesmo ocorrendo com as modernas tomografias computadorizadas... e um sem-número de aparelhos sofisticados que ensejam realizações dantes jamais sonhadas...

Da mesma forma, a interferência dos Espíritos na vida humana sempre foi comentada e, no que diz respeito ao capítulo das perturbações de natureza espiritual, a documentação é vasta e complexa na Antiguidade Oriental, na cultura greco-romana, durante a vida de Jesus, no Cristianismo nascente, na Idade Média, na Renascença, nas Idades Moderna e Contemporânea, assinalando fastos históricos memoráveis, que não podem ser desconsiderados.

Felizmente, homens e mulheres audaciosos não têm tergiversado em confirmar essa ocorrência nos seus consultórios, demonstrando a excelência das terapias aplicadas sob a inspiração do Evangelho, em momentosos diálogos com os seres desencarnados que ainda se comprazem na produção do infeliz intercâmbio doentio.

O egrégio codificador do Espiritismo, Allan Kardec, examinando as obsessões, classificou-as em três formas especiais: *simples, por fascinação e por subjugação*.[3]

A *obsessão simples* ocorre quando o Espírito enfermo, consciente ou não dos próprios atos, vincula-se ao indivíduo com o qual mantém afinidade moral e psíquica, resultante de valores negativos que os unem desde passadas experiências, na atual ou em reencarnação anterior, produzindo mal-estar, inquietação, melancolia, ansiedade exagerada, suspeitas e medos infundados...

Instala-se suavemente, quando o pensamento intruso persiste em tentativa de fixação. Confunde-se com os próprios conflitos do paciente que ressumam do inconsciente atual, gerando inquietação.

À medida que essas ideias, esdrúxulas algumas, passam a habitar a casa mental do indivíduo, transformam-se em *monólogos* insistentes que produzem receios, insatisfações, incompreensões, manias, passando a *diálogos* que destrambelham a ordem dos raciocínios.

Nessa fase, uma conduta em renovação moral, o hábito da oração e das boas leituras conseguem interromper o fluxo das influenciações perniciosas, impedindo a instalação do distúrbio cruel.

A *obsessão por fascinação* já se apresenta mais séria, em face de haver uma receptividade muito grande pelo paciente, que se deixa arrastar pela ideia negativa, particularmente

---

[3] KARDEC, Allan. *O Livro dos Médiuns*, capítulo 23 (nota da autora espiritual).

quando se apresentam fenômenos de natureza mediúnica, e em especial na área da psicografia, que o levam a uma constância desconcertante para escrever onde esteja e com o material de que disponha.

Igualmente apresenta-se nas posturas irrefletidas e nos comportamentos estranhos a que se entregam as suas vítimas, sempre se considerando portadoras da total razão e do conhecimento da verdade, irredutíveis nos seus pontos de vista, mesmo naqueles que são absurdos ante a mais singela análise, impedindo-lhes a lógica do senso comum.

O indivíduo que a padece, torna-se arrogante, vaidoso das conquistas que pensa haver adquirido, evitando os diálogos esclarecedores e deixando-se vencer, cada vez mais, pela insidiosa influência espiritual, que o deseja afastar do convívio social saudável, a fim de dominar-lhe o raciocínio e a razão por completo.

Nessa fase, o organismo fisiológico passa a ressentir-se das energias deletérias que são absorvidas, em razão de algumas manias que o fanatismo instala na mente da vítima, como sejam: mudanças abruptas na forma da alimentação, nas abstinências que se impõe, no exagero da fé religiosa ou de qualquer ideal esposado, no comportamento que se aliena, etc.

Torna-se-lhe mais difícil a terapêutica libertadora, em decorrência da intolerância do paciente em aceitar qualquer proposição que difira do que pensa, negando-se à concordância com observações acerca da conduta. Nada obstante, a insistência da oração, nos momentos de alguma lucidez, a intercessão dos parentes e amigos mediante preces e vibrações amigas, os passes e a terapia desobsessiva conseguem resultados opimos.

Encontro com a paz e a saúde

Nunca se esquecer, porém, que à vítima de hoje, algoz de antes, cabe a tarefa mais importante que é a da reforma moral, mediante o *consentimento da razão e do coração*, com o empenho de tornar-se melhor e mais útil a si mesmo quanto à sociedade.

A *obsessão por subjugação* é o estágio mais avançado e perverso do processo alienante. Pode resultar da sucessão das fases anteriores, mas não necessariamente, porquanto pode ocorrer de chofre, inesperadamente, num só golpe, dependendo sempre da profundidade dos seus gravames geradores.

No Evangelho de Jesus, os narradores documentam-na como *possessão*, que o codificador do Espiritismo preferiu definir de outra maneira, porquanto a *possessão* faz pressupor que o Espírito perseguidor penetra no reencarnado, assumindo o lugar que lhe é próprio, o que não é possível, em face dos mecanismos que o jugulam ao corpo. Caso isso ocorresse, dar-se-ia o seu falecimento, sem que o *obsessor* pudesse manter a sobrevivência da organização fisiológica.

A obsessão, seja em que forma se apresente, é sempre de Espírito a Espírito, através do perispírito de ambos os litigantes, cujas energias mesclam-se numa corrente inicial de hipnose, depois de intercâmbio e, por fim, de predomínio daquele que exerce o maior poder de influenciação, no caso em tela, o desencarnado.

As patologias de *subjugação* deprimem o *Self* que perde o controle sobre o *ego* e as faculdades de comando mental. As neurocomunicações, em face da incidência vibratória da mente dominante, tornam-se prejudicadas e, por consequência, a produção de neuropeptídeos faz-se desordenada, trazendo resultados fisiológicos igualmente perturbadores. Esses, que serão os efeitos colaterais da *subjugação,* em longo prazo abrem campo para a instalação da loucura.

Esse transtorno espiritual é verdadeiramente uma expiação dolorosa para o calceta, que poderia haver-se reabilitado dos males praticados, mediante a ação fraternal do bem ao próximo, do autoaprimoramento moral, da conduta saudável, exceto quando se trata de ocorrência lapidadora que se instala por ocasião dos primeiros dias ou anos da existência...

Em qualquer transtorno de natureza obsessiva, o paciente é também um Espírito desajustado em processo de recuperação, em decorrência da conduta arbitrária que se permitiu anteriormente, gerando os processos lamentáveis de que agora padece.

Como as criaturas terrenas encontram-se em campos experimentais da evolução, as vivências de cada existência propiciam as futuras conquistas de acordo com os mecanismos utilizados de origem elevada ou perturbadora. Ninguém, portanto, que se encontre isento de responsabilidade nas ocorrências provacionais de qualquer natureza, particularmente nos distúrbios obsessivos.

Os recursos terapêuticos para a recuperação dos pacientes subjugados são múltiplos, e igualmente graves, em face da complexidade do problema.

Impossibilitado de contribuir conscientemente em favor da própria recuperação, o valioso recurso terapêutico será obtido mediante a doutrinação do agente perturbador, em reunião mediúnica especializada, quando puder ser trazido à comunicação pelos benfeitores espirituais.

Recalcitrante e vingador, não poucas vezes, o Espírito apresenta-se em desespero, cobrando o mal de que se diz haver sido vítima, sem dar-se conta da própria desdita gerada pela ausência do perdão, pelo menos da compreensão da fragilidade humana que se permite condutas arbitrárias conforme se encontra agindo.

Paciente e gentil, afável e enérgico, o psicoterapeuta espiritual com ele conversa, esclarece, dialoga, demonstrando-lhe o erro em que está incorrendo, terminando, invariavelmente, pela sua reconstrução emocional e reconhecimento racional de que também está agindo de maneira equivocada. Consciente da necessidade de evoluir, a fim de encontrar a felicidade perdida, resolve por abandonar o desafeto, deixando-o aos cuidados das Leis Soberanas da Vida que a todos alcança conforme exaradas pela Justiça Divina.

Jesus, como Psicoterapeuta extraordinário, conseguia libertar os padecentes das obsessões, através da autoridade moral de que era revestido, facilmente afastando os adversários desencarnados, enquanto propunha aos pacientes em recuperação que não voltassem aos comprometimentos infelizes, de modo que lhes não acontecessem sofrimentos ainda mais graves...

Considerando-se a gravidade das obsessões, é sempre oportuno o atendimento médico simultâneo, de forma que sejam recuperados os órgãos afetados pelo transtorno, sempre portador de fluidos e vibrações perniciosos que enfermam o conjunto fisiológico.

O Espírito é o agente da vida inteligente, portanto, nele se encontram as raízes de todas as ocorrências que têm lugar durante a sua vilegiatura carnal.

Saúde mental e emocional, em consequência, resulta da harmonia moral em que se estrutura.

Temas para reflexão

474 – Desde que não há possessão propriamente dita, isto é, coabitação de dois Espíritos no mesmo corpo, pode a alma ficar na dependência de outro Espírito, de modo a se achar subjugada ou obsidiada ao ponto de a sua vontade vir a achar-se, de certa maneira, paralisada?

"Sem dúvida e são esses os verdadeiros possessos. Mas, é preciso saibas que essa dominação não se efetua nunca sem que aquele que a sofre o cônsinta, quer por sua fraqueza, *quer por desejá-la. Muitos epilépticos ou loucos, que mais necessitavam de médico que de exorcismos, têm sido tomados por possessos."*

(KARDEC, Allan. *O Livro dos Espíritos*.)

Ora, havendo o espírito imundo saído do homem, anda por lugares áridos, buscando repouso; e não o encontrando, diz: Voltarei para minha casa, donde saí.
E chegando, acha-a varrida e adornada.
Então vai, e leva consigo outros sete Espíritos piores do que ele e, entrando, habitam ali; e o último estado desse homem vem a ser pior do que o primeiro.

(Lucas, 11: 24 a 26)

7
A CONQUISTA DA FELICIDADE

O QUE É FELICIDADE · COMO CONSEGUIR
A FELICIDADE · PRAZER E FELICIDADE

O ser humano está fadado à felicidade, que lhe constitui um grande desafio.
Para lográ-la, deve investir todos os valores que se lhe encontrem ao alcance.

Felicidade, porém, não é algo diferente de infelicidade.

Ninguém deve considerar a felicidade como um estado de plenitude, de ausência de ação, mediante a qual o nada fazer geraria contentamento ou despreocupação. Essa inércia, se viesse a ocorrer, levaria o indivíduo ao estado amorfo, de tédio dourado, em que a ociosidade conspiraria contra a harmonia emocional.

É impossível uma existência feliz distante do trabalho, da solidariedade e das ações de engrandecimento moral do *Self*, bem como dos indivíduos com os quais se é colocado para conviver.

Quando o conforto excessivo é facultado e os objetivos de trabalho parecem conseguidos, não mais existindo, pelo menos aparentemente, novas realizações a serem conquistadas, ocorre uma perda de interesse pela existência, conspirando contra a saúde emocional e física, sempre culminando com a morte prematura.

A ingenuidade psicológica estabeleceu que a felicidade existe onde se encontram o prazer e a comodidade, a fortuna e o repouso, em violenta agressão à vida que se desenvolve em ações incessantes, formadoras de abençoados recursos para a sustentação do corpo e o equilíbrio da mente.

Essa visão tem sido responsável por muita infelicidade injustificada, que mais decorre da óptica defeituosa de quem observa os poderosos, e, sem os conhecer, conclui que são felizes, quando apenas encontram-se assoberbados de coisas, preocupações, atitudes e solidão...

A busca, pois, da felicidade é essencial, para ser experimentada desde o momento em que se a enceta. Não será o conseguir, que a instalará na mente e no comportamento, porém, o empreendimento em si mesmo para lográ-la, que faculta, por antecipado, a satisfação de bem-estar.

Muito distante da posse de tesouros que embelezam a vida, mas não preenchem os vazios existenciais, a felicidade apresenta-se como realização interior e esforço pelo seu prosseguir.

Na amizade sincera e não nas paixões sexuais, encontram-se razões básicas para as experiências felizes, motivadoras de novas e amplas conquistas.

Nos relacionamentos fraternais e nas atividades altruísticas apresentam-se os fatores para a existência tranquila, que também não significa falta de preocupação ou de responsabilidade. Trata-se, realmente, do esforço para agir-se sem estresse, sem ansiedade desgastante, sem angústia dissolvente.

As populações que vivem do trabalho, modesto que seja, que se sentem beneficiadas pela justiça social, nas quais existe assistência educacional, médica e fraternal, ensejam mais felicidade aos seus membros, do que naquelas industrializadas, de altos PIBs e de excelente tecnologia, porquanto aí, as intensas lutas pela sobrevivência, mesmo entre os poderosos, produzem desarmonias interiores e desgastes psicológicos.

Por outro lado, a competição desenfreada para a conquista de mais aturde os indivíduos, que perdem o direcionamento do ideal, do necessário, do equilibrado, para conseguir além das possibilidades de aplicar e utilizar em próprio benefício.

Não serão, no entanto, como se pensa, os lugares exóticos, silenciosos, distantes de tudo, onde se encontram os fatores propiciatórios à felicidade, mas nos burgos ativos, não competitivos, trabalhadores, não ambiciosos, onde se pode desfrutar de tranquilidade e confiança no futuro.

Nesses lugares, os níveis de vida são mais elevados do que nos centros de grande importância social e tecnológica, em razão da ausência dos fenômenos geradores de problemáticas cardiovasculares, cânceres, distúrbios emocionais decorrentes da insatisfação.

Onde todos trabalham e contentam-se com o quanto ganham, mais facilmente se realizam, mesmo que os frutos do esforço não sejam em forma de grandes estipêndios.

Sabendo como administrar os recursos que amealham através do esforço pessoal, os indivíduos aspiram a menos e alegram-se com menores quantidades de quinquilharias e exibicionismos de poder e de fortuna, que provocam inveja e raiva.

Muitos complexos de inferioridade defluem da mágoa de não se estar nas mesmas condições de outros que são tidos como privilegiados, somente porque se encontram no topo, passeiam na futilidade e parecem não enfrentar nenhuma forma de preocupação, quais se fossem deuses recém-descidos do Olimpo, em visita triunfal entre os seres humanos...

Trata-se de ilusão essa torpe visão da realidade.

Pessoa alguma, na Terra, existe, que esteja isenta dos processos fisiológicos de desgaste, de envelhecimento, de enfermidade e de morte, e, portanto, igual a todas as outras. Por outro lado, os tormentos íntimos nem sempre se refletem na face, na aparência bem maquiada, permanecendo como roedores inclementes até chegarem aos resultados, quase sempre funestos, da sua presença infeliz.

Desse modo, a busca da felicidade deve caracterizar-se pelo conhecimento de si mesmo em relação aos demais indivíduos, pela conscientização das próprias aspirações, pelos objetivos que sejam colocados como fundamentais para a vida.

Não existe, portanto, uma fórmula mágica para a felicidade, nenhuma receita misteriosa ou mapa desconhecido para alcançá-la.

Cada indivíduo, conforme sua constituição emocional, física e psíquica, tem as próprias aspirações, o que estabelece a variedade de expressões a seu respeito, demonstrando que, aquilo que para uns é realização plenificadora, para outros, talvez não tenha qualquer significado relevante.

Alguém pode aspirar à quietude de um burgo onde possa renovar-se após o cansaço e a exaustão do trabalho, caminhando por trilhas ricas de vegetação e céu azul, enquanto que outros são capazes de ambicionar uma residência palaciana suntuosa, com criadagem submissa e tesouros que deslumbrem a vista e estimulem à soberba... Há o encantamento do artista ante a beleza, do cientista ante a investigação, do religioso na ânsia do êxtase, do pensador na elaboração de ideias grandiosas, como também dos oprimidos sonhando com a liberdade, dos famintos anelando pelo pão, dos enfermos lutando pela conquista da saúde, dos solitários encontrando companhia, dos simples de coração anelando pela dádiva do trabalho e da paz...

Variando, de acordo com os níveis de inteligência e de consciência, a felicidade é peregrina que viaja de uma para outra ambição sempre risonha, aparentemente difícil de ser retida, mas de fácil conquista, quando se ama e não se espera receber a retribuição.

O QUE É FELICIDADE

Os psicólogos clínicos têm-se voltado, nos últimos tempos, para o estudo da raiva, da inveja, da insatisfação, procurando entender-lhes os conteúdos perturbadores. Por outro lado, os neurocientistas vêm-se preocupando, cada vez mais, em detectar, no cérebro, os hormônios desencadeadores da alegria, da felicidade, assim como da mágoa e da depressão.

Lentamente vão surgindo a compreensão e a decodificação dos elementos que respondem pelos sentimentos nos processos bioquímicos da organização cerebral, altamente responsáveis pelos comportamentos e pelas emoções.

Façamos uma distinção entre sentimentos, que são as vivências do que é percebido pela emoção de maneira consciente, enquanto que a emoção é o efeito espontâneo do organismo a qualquer ocorrência, produzindo descargas de adrenalina pela corrente circulatória, que se encarrega de pôr brilho nos olhos, colorir a face, sorrir... A emoção produz o sentimento que passa a ser o júbilo ou o constrangimento, a expectativa ou a frustração...

Desse modo, as emoções funcionam automaticamente, sem consciência direta da ocorrência, enquanto que os sentimentos são percepções conscientes das ocorrências.

Para que se apresente a felicidade, assim como outros sentimentos, torna-se necessário que o cérebro seja convidado a traduzir os sinais que recebe do corpo, logo os transformando. Em decorrência, a *mente* não está localizada apenas no cérebro, mas se expande por todo o organismo.

Nada obstante, por mais se procure encontrar respostas próprias para as emoções e os sentimentos na organização fisiológica, enquanto não se remonte ao Espírito como ser independente da matéria, sempre se apresentarão interrogações complexas em torno da personalidade e da estrutura psíquica, emocional e física do ser humano.

Indubitavelmente, os mecanismos neurobiológicos manifestam-se conforme os impulsos que procedem da mente do ser reencarnado, comandante consciente ou não da maquinaria física pela qual o Espírito se comunica e se movimenta no proscênio terrestre.

A felicidade, desse modo, é o sentimento agradável que resulta das emoções saudáveis, aquelas que acalmam e enriquecem de júbilo, eliminando as sensações perturbadoras. Pode-se, desse modo, experimentar a felicidade, mesmo em estados orgânicos deteriorados, em face da compreensão da ocorrência e da sua aceitação, que é uma espécie de entendimento pela razão.

Quando a atitude é consciente e positiva, objetivando o bem-estar, experiencia-se o momento de felicidade, que se prolonga enquanto permanece a emoção.

Encontro com a paz e a saúde

Muitas vezes, o indivíduo desestruturado considera-se infeliz, porque os sentimentos estão confusos, resultado de raivas, de constrangimentos, de insucessos. Nada obstante, não se trata de infelicidade, mas de situação na qual se apresentam processos negativos e perturbadores, que podem ser revertidos, logo haja calma e compreensão do incidente desagradável que deu lugar ao aborrecimento, assim como ao êxito. Essas expressões transitórias dos sentimentos, que se apresentam ambivalentes, podem ser modificadas através de atitudes positivas e confiantes nos potenciais íntimos, portadores de resistências morais e de significados dignificantes.

As emoções negativas estimulam mais o hemisfério direito do cérebro que se apresenta ativo, enquanto que as positivas encontram-se no lóbulo frontal esquerdo, produzindo os correspondentes sentimentos de infelicidade e de felicidade, respectivamente.

Graças a esse mecanismo são arquivadas as nossas preferências e satisfações, alegrias, afeições, tanto quanto os nossos desgostos e ansiedades, mal-estares e animosidades, que se transformam em sentimentos de uma ou de outra ordem.

Tudo quanto é agradável e prazenteiro é arquivado no lado esquerdo do cérebro, enquanto as questões perturbadoras e afligentes repousam no lado direito. Os indivíduos que exercem grande controle sobre as emoções e as ocorrências do quotidiano desenvolvem mais o hemisfério direito, tornando-se introspectivos, inseguros, insatisfeitos, pessimistas, enquanto que aqueles que estimulam o lado esquerdo fazem-se portadores de melhor humor, de alegria e de confiança em si mesmos, assim como em relação ao seu próximo com o qual convivem ou se relacionam. Os primeiros exsudam infelicidade, em face da preservação dos sentimentos negativos, enquanto que os segundos proporcionam mais agradável convivência, inspiram alegria e correspondem facilmente aos convites do bem-estar. Isto ocorre, porque os extrovertidos produzem quantidade maior de linfócitos, que os imunizam contra bactérias e vírus ou os destroem quando existem. Por esta razão, considera-se o riso saudável como de natureza terapêutica, em face da presença de imunoglobulinas que, na saliva, têm objetivos de contribuir para a digestão, mas também para a defesa do organismo em relação a alguns agentes enfermiços.

O cultivo da felicidade contribui para a longevidade humana, a saúde e as realizações nobilitantes.

A felicidade, desse modo, pode ser adquirida e preservada, não se aguardando que se transforme em uma *parasitose*, mas em um significativo sentimento de gratidão à vida.

Pode-se aprender a ser feliz como se consegue adquirir experiência e conhecimento em torno de outras atividades humanas.

O atavismo pieguista, no entanto, a falsa necessidade de inspirar compaixão em vez de amor, o predomínio do *ego* sobre o *Self* estabelecem parâmetros para situar a felicidade dentro de limites individualistas e falsos, nos quais se expressam sentimentos desordenados e instáveis, que agradam àquele que assim procede, desde que submetendo os demais ao seu talante. Não se trata essa postura como de felicidade, mas de inarmonia pessoal.

A felicidade sempre gera sol de alegria onde se instala, mantendo juventude e ampliando as possibilidades de autorrealização com ênfase no progresso moral e espiritual do ser humano.

Encontro com a paz e a saúde

Deve-se, pois, aprender a ser feliz, selecionando os sentimentos altruístas e positivos daqueles morbosos, pessimistas e negativos. Trata-se de uma realização interior, que independe de outrem. Quase sempre se pensa que determinadas companhias e afetos propiciam felicidade, passando-se a depender de outrem. Quando isso ocorre, porque o outro também aguarda encontrar essa guarida para a sua insegurança, unem-se ou aproximam-se dois infelizes, buscando sustentação um na limitada capacidade do outro.

O que ocorre quando se está com alguém é prazer, manifestando-se sentimentos de bem-estar e de fraternidade, não devendo, porém, tornar-se razão para que, no fato, se estabeleça a felicidade, porque, ao interromper-se o vínculo, ou modificar-se a situação, isso não deve ser tido como infelicidade.

É muito comum, quando desencarna alguém que é querido ou cuja convivência é frutuosa, interrogar-se: – *E agora! Que será de mim?* Sem que se pense no outro, naquele em quem foi depositado o sentimento de felicidade. Será que a afeição tem por finalidade o bem-estar pessoal, em vez da satisfação do relacionamento entre ambos?

Felicidade, portanto, independe de outras pessoas, sendo construção própria e intransferível.

A felicidade constitui-se da sabedoria de poder-se administrar as ocorrências do quotidiano, retirando das situações mais difíceis a quota edificante e produtora de harmonia, considerando-as como propostas educativas e aprendizado oportuno para os futuros embates.

Ser feliz é a meta da existência, e lográ-la é o desafio psicológico aguardando amadurecimento do ser humano.

COMO CONSEGUIR A FELICIDADE

No momento quando se materializa a felicidade, isto é, quando se a considera como resultado de posses econômicas, de poder social, político, religioso, artístico, científico ou cultural, ela se faz frustrante, em decorrência das oscilações que existem nos relacionamentos humanos e das circunstâncias existenciais que se alteram a cada momento.

O conceito de uma felicidade estática é equívoco do sentimento, porquanto o processo da evolução é inestancável e as variações do amadurecimento psicológico são contínuas, em face das experiências que são armazenadas no trânsito existencial.

Em cada faixa biológica da vida física, em decorrência do desenvolvimento orgânico e intelectual, os conceitos alteram-se, e tudo quanto, em uma fase, é significativo e relevante, portador de grande expressão, logo depois, cede lugar a novas aspirações e a conceitos mais profundos. Assim ocorre também em relação à felicidade, que, de acordo com a faixa etária e as conquistas morais, espirituais do ser humano, passa a adquirir significado diferente.

Quando se é jovem, as metas por alcançar parecem constituir-se como essenciais à aquisição da felicidade. Nada obstante, logo que são logradas, perdem a empatia de que se revestiam antes de conseguidas.

Por isso, a felicidade é um sentimento que deve ser trabalhado em padrões de harmonia emocional, de complementação sexual, de realização profissional, de vitória sobre os conflitos, de interiorização espiritual, a fim de saber-se o que realmente tem sentido, em relação àquilo que é de natureza secundária, e momentaneamente desfruta de especial significação.

O místico alcança a felicidade no momento do seu êxtase; os genitores, quando os filhos logram a realização social e profissional; o cientista, quando consegue entender e decifrar o enigma da sua busca; o artista, no instante em que a obra é reconhecida ou tem-na como concluída e perfeita, e assim, sucessivamente...

A felicidade do agricultor apresenta-se quando ele contempla a plantação enriquecida de flores, frutos, sementes, abrindo-se à colheita.

O indivíduo, de acordo com os objetivos que estabelece para a existência, empenhando-se em nunca desistir dos seus sonhos – claro que dos ideais de enobrecimento –, consegue permanecer fiel, mesmo quando não compreendido, perseguido ou desprezado, experiencia a felicidade durante todo o período em que se demora devotado na luta pela sua realização.

Nem sempre, portanto, a felicidade estará presente apenas no término, quando se logra o objetivo anelado, mas essencialmente durante todo o transcurso da sua realização.

A felicidade é conseguida quando cada qual se torna administrador da própria existência, podendo estabelecer os métodos de conduta saudável e segui-los, edificando-se e realizando outras vidas.

Há fatores sociológicos, econômicos, políticos, que contribuem em favor da aquisição da felicidade individual e coletiva.

Nos pequenos e prósperos burgos onde o estresse não aflige, porque se dispõe de tempo para todas as realizações, inclusive para os divertimentos renovadores, onde as competições cedem lugar à cooperação, diante de regime democrático, no qual todos são convidados a participar da administração e das decisões locais, certamente os fatores propiciatórios à felicidade são muito maiores do que nas urbes desgastantes, onde todos são desconhecidos e *inimigos fraternos*, indiferentes uns aos outros, ambiciosos e agressivos.

Nos reduzidos núcleos de atividade, há interesse pela vida do próximo, participação nas suas realizações e solidariedade nos seus sofrimentos, enquanto que nas grandes populações, tudo é automático, os encontros são rápidos e superficiais, as amizades quase inexistem, porque parece haver uma necessidade emocional de todos estarem vigilantes em relação pessoal com os demais.

De certo modo, a postura de vigilância é saudável, ante as tragédias do quotidiano, as ocorrências desastrosas, os relacionamentos perturbadores, no entanto, essa cautela não deve ser levada a extremos geradores de inquietação e de estresse. Quando cada membro da sociedade procura adaptar-se ao sistema, melhorando-o com a sua contribuição e ampliando o círculo de amizade sincera, modificam-se os quadros de ocorrências negativas, favorecendo o bem-estar possível.

Quando a pessoa sente-se desamparada, ignorada, sem possibilidade de encontrar entendimento, logo se apresentam os componentes da inquietação e da revolta íntima, quando não resvala para a depressão. Torna-se necessário que se expandam o sentimento de solidariedade e o contributo da amizade para que o grupo social seja mais ativo em relação aos seus membros, buscando ampará-los em um tipo de amplexo espiritual que dê ideia, e seja realmente, de segurança e de proteção.

Quando a solidariedade é cultivada, proporciona ampliação da capacidade de conviver com as diferentes condutas sem prejuízo para a harmonia do grupo. Compreendendo-se que cada indivíduo traz conflitos graves, expressos ou disfarçados, à semelhança daqueles que são do seu *Self*, essa *sombra* se dilui, cedendo lugar à claridade da alegria de viver e da esperança de ser-se feliz.

A ausência de controle sobre o próprio destino, a incerteza em torno do futuro, a insegurança no comportamento constituem processos geradores de infelicidade, conhecimento da impossibilidade de conseguir-se realizações prazenteiras, objetivos libertadores.

A mente, sempre ela, é convidada ao equilíbrio, à fixação de pensamentos edificantes, reservando-se a irrestrita confiança em Deus, o Pai afável de todas as criaturas...

Uma conduta, portanto, religiosa, destituída de qualquer tipo de fanatismo e de exclusivismo, é fator de segurança para o encontro com a felicidade, mesmo que sob injunções difíceis que se tornam suportadas com resignação dinâmica e coragem para superá-las.

Nunca será demais repetir-se que o Espírito elabora o seu destino, sendo o semeador e o colhedor de tudo quanto realize.

No âmago do ser, encontra-se em germe o tesouro que lhe cabe conquistar, impresso nos genes, exteriorizando-se nos neurotransmissores, expressando-se no comportamento psicológico ou na organização fisiológica.

Alterar esse destino a cada momento faz-se possível, em razão da neurogênese, que ora assevera que os neurônios se renovam, nascem em todas as épocas da existência e cuja função pode ser orientada pela mente.

O hábito salutar da meditação e da oração, de caminhadas e exercícios que liberam toxinas cerebrais e renovam a oxigenação do encéfalo, predispõe às realizações enobrecedoras, mediante o esforço físico bem-direcionado, propiciando felicidade.

Uma vida ativa, assinalada pela produção equilibrada de serviços, produz pensamentos favoráveis ao bem-estar, por expressar autorrealização, utilidade existencial.

Herdeiro de conceitos equivocados sobre o destino na Terra, tida, por muito tempo, como *vale de lágrimas, lugar de degredo, paraíso perdido,* o ser humano criou arquétipos de infelicidade para ser feliz, num comportamento masoquista e doentio, sem nenhum sentido ético.

A Terra é escola de renovação espiritual e de dignificação moral, onde todos aprendemos a descobrir os valores adormecidos no íntimo, o *Deus em nós,* o *Arquétipo Primordial.*

As preocupações desordenadas com a aparência como fator de autorrealização vêm desviando as pessoas da sua realidade, da beleza interior que se reflete no exterior, assim como as exigências descabidas dos padrões de beleza, estimulando o surgimento da anorexia e da bulimia de efeitos devastadores na conduta psicológica, respondem por atitudes infelizes que não se justificam racionalmente. Esses pacientes, sem dúvida, encontram-se dominados por conflitos de inferioridade, procurando realizações externas ante a autodesconsideração em que se firmam, realizando projeções do que gostariam de ser ou de como estar, impondo-se aflições punitivas.

A felicidade, porém, apresenta-se com simplicidade, destituída de atavios e complexidades que somente a enfeitariam sem produzi-la em realidade, qual mecanismo de fuga em relação à sua conquista verdadeira.

Assim, é possível desfrutar-se de felicidade em qualquer situação, desde que não se estabeleça que terá de permanecer duradoura, incessante, sem desafios emocionais e físicos, de trabalho e de renovação interior, tornando-a monótona e tediosa.

Afinal, a vida física é de efêmera duração, sendo uma escolaridade para ser alcançada a plenitude espiritual em definitivo após o trânsito carnal.

Prazer e felicidade

O prazer está mais vinculado aos sentidos físicos, embora se expresse também na área emocional, como satisfação, contentamento, em face dos resultados adquiridos nas lutas empreendidas, convertendo-se em gozo, muitas vezes confundindo-se.

A felicidade advém do autoconhecimento, da identificação do *Self* com o *ego* que se adapta às imposições superiores, passando a vivenciar as emoções e os sentimentos de beleza, de harmonia e de tranquilidade.

Facilmente se experimentam prazeres, gozos, boas disposições e mais especificamente felicidade, quando se atingem estados de elevação e de superação das tendências primitivas, das más inclinações.

Normalmente se buscam prazeres de resposta imediata em consumismo, em posturas hedonistas, dando largas à libido e às paixões. Porque são muito rápidos, quase sempre deixam uma sensação de desencanto ou de ansiedade por novas vivências, o que conduz ao aturdimento ou à usança de expedientes de diversa elaboração, gerando dependência e posterior inquietação.

Os prazeres são necessários à existência física, sem os quais a mesma perderia o sentido, caso estivesse assinalada somente pela luta, pelos desafios, pelas insatisfações e tormentos. Nada obstante, deve-se anelar por satisfações mais significativas e não variáveis, que assinalem profundamente os sentimentos, ensejando o prolongamento dos esforços em favor da evolução.

O prazer ocorre com pequenos resultados, enquanto que a felicidade deve ser trabalhada, conquistada, passo a passo, ao longo do tempo.

Jamais será uma dádiva do destino, uma concessão gratuita da Divindade.

Enquanto o corpo fica em lassidão após determinados prazeres do estômago, do sexo, dos esforços em qualquer área, em que se experimentam prazeres, a felicidade nunca proporciona cansaço, mal-estar ou estresse por novos logros.

A mente fica, então, desperta, o que proporciona prazer quando se observa algo agradável e encantador, ensejando o momento de felicidade que vem depois.

O prazer induz à posse, ao acúmulo, à obstinação pela conquista de coisas, enquanto que a felicidade deflui da superação dos tormentos de possuir, de preservar, de multiplicar.

O prazer dos relacionamentos felizes com as demais pessoas proporciona a felicidade de encontrar-se lúcido e útil ao grupo social, trabalhando em favor da harmonia geral, pela contribuição valiosa da presença e da convivência fraternal.

Pode-se asseverar, nesse caso, que o amor e a amizade são desencadeadores de felicidade, em razão do significado psicológico dessas qualidades morais do Espírito em crescimento na escala da evolução.

A identificação daquilo que proporciona prazer e felicidade é muito importante no desenvolvimento da harmonia interior e na busca da realização existencial. Cada indivíduo, por estagiar em um nível próprio de evolução, experimenta de forma especial o prazer e a felicidade, o que lhe faculta elaborar projetos e desenvolver esforços para alcançar esses estados.

No respeito a si mesmo, ao próximo e a Deus, reside o elemento básico para a harmonia emocional do ser humano, para o seu amadurecimento psicológico, para que se consiga a felicidade, que é de valor inestimável.

Ninguém vive, por outro lado, sem as emoções negativas, em razão dos embates, das heranças ancestrais, dos arquétipos que permanecem no âmago de todos. Todavia, trabalhar para convertê-las em edificantes, positivas, é dever a que todos estão convidados, de modo a diluí-las como um sol benfazejo desfazendo a névoa que obscurece a paisagem...

Por meio de exercícios mentais e físicos, torna-se possível viver em alegria e bem-estar, desfrutando-se de prazeres e conseguindo-se a felicidade, à medida que se liberta das injunções perversas do estresse, das aspirações ambíguas e dos sentimentos de insatisfação e intolerância.

É indispensável, para tanto, um treinamento de controle dos sentimentos controvertidos, gerador de hábitos agradáveis e apaziguamento interior das ambições destituídas de sentido psicológico superior.

O ser humano está fadado à felicidade, sem dúvida, avançando no rumo da autorrealização mediante prazeres e satisfações que complementam a existência.

Temas para reflexão

(...) O homem deseja ser feliz e natural é o sentimento que dá origem a esse desejo. Por isso é que trabalha incessantemente para melhorar a sua posição na Terra, que pesquisa as causas de seus males para remediá-los. Quando compreender bem que no egoísmo reside uma dessas causas, a que gera o orgulho, a ambição, a cupidez, a inveja, o ódio, o ciúme, que a cada momento o magoam, a que perturba todas as relações sociais, provoca as dissensões, aniquila a confiança, a que o obriga a se manter constantemente na defensiva contra o seu vizinho, enfim a que do amigo faz inimigo, ele compreenderá também que esse vício é incompatível com a sua felicidade e, podemos mesmo acrescentar, com a sua própria segurança. E quanto mais haja sofrido por efeito desse vício, mais sentirá a necessidade de combatê-lo, como se combatem a peste, os animais nocivos e todos os outros flagelos. O seu próprio interesse a isso o induzirá. (784)

O egoísmo é a fonte de todos os vícios, como a caridade o é de todas as virtudes. Destruir um e desenvolver a outra, tal deve ser o alvo de todos os esforços do homem, se quiser assegurar a sua felicidade neste mundo, tanto quanto no futuro.

(Comentários de Allan Kardec à questão 917 de
O Livro dos Espíritos)

"*(...) O meu reino não é deste mundo.*"

(João, 18: 36)

8
Reflexões sobre a sexualidade

Polaridades sexuais e suas funções •
Compromissos ético-morais em relação à
conduta sexual • Sexo, saúde e vida

Em face da problemática da evolução, a vida sexuada remonta aos períodos mais recuados do processo antropológico, quando o instinto de reprodução instalou-se no ser primitivo, na origem das expressões vivas em a Natureza.

Sendo um dos instintos primários de grande vigor fisiológico, a sua função origina-se quando da liberação da luliberina, a responsável pelo controle dos hormônios sexuais, produzida no hipotálamo. Quando mínimas quantidades desse neurotransmissor são liberadas e captadas pelo diencéfalo, de imediato desencadeiam o desejo sexual. Da mesma forma, outra substância, a oxitocina produz o mesmo resultado, o que faz seja a busca sexual um fenômeno biológico portador de grande impulso e força, que induz o ser animal à reprodução, especialmente o humano, quando se associam a dopamina e a betaendorfina, facultando a atuação sexual ao lado do desejo, às vezes, infrene.

Proporcionando prazer, na área da sensação, também responde por emoções agradáveis e duradouras, especialmente quando decorrentes do sentimento de amor que deve participar com vigor no conúbio sexual.

A ausência desse sentimento superior dá surgimento a contatos apressados, destituídos de significado emocional, que não chegam a produzir a harmonia interior esperada, nem a saciedade, antes induzindo a novas e variadas experiências, na busca *mágica* de intérmino prazer que mais cansa do que produz bem-estar.

Nas faixas primárias da evolução, o fenômeno tem por objetivo apenas a reprodução da espécie, em razão da falta de equipamentos nervosos e emocionais para a formulação do prazer. À medida que o instinto se fixa no ser vivo, surgem sensações fortes que logo passam, transferindo-se para a criatura humana em cargas sensoriais expressivas, que lentamente, à medida que se desenvolve a emoção, produz mais profundos estados de gozo, proporcionando equilíbrio, alegria de viver e salutar intercâmbio hormonal, tanto físico quanto psíquico.

A união sexual é fundamental à existência humana, por cujo contributo a vida se expressa, facultando as reencarnações dos Espíritos, a união afetiva e a responsabilidade entre os parceiros que se elegem e se vinculam através do tempo, estímulos à arte e à beleza, ao trabalho e ao progresso, à busca da felicidade.

A ignorância cultural e as frustrações de indivíduos atormentados, no passado, amargurados pelos conflitos, rotularam o sexo como manifestação apenas da animalidade predominante no homem e na mulher, denominando-o *pecaminoso* e *imundo*.

A sua função é digna e estabelecida pela Natureza como essencial à reprodução, sem a qual a vida física se extinguiria.

Encontro com a paz e a saúde

Em consequência, os atavismos religiosos ultramontanos encontraram uma forma de manter a castração sexual, determinando que somente deveria ser usado o sexo para a finalidade procriativa, como se a Divindade estabelecesse limites no sentimento do amor, determinando que uma expressão dele é nobre enquanto a outra se apresenta abjeta.

Não têm, pois, razão, aqueles que assim pensam, porque a questão mais profunda não se limita à união dos sexos, mas à mente que se deixa viciar, procurando mecanismos eróticos para conseguir novas e estranhas sensações a que se permite, transformando a finalidade relevante da convivência com um parceiro em instrumento para a permissividade doentia.

Na condição de mecanismo sublime para a *geração* de vida, quando tem a sua função perturbada ou não reconhecida como parte integrante da existência, propicia conflitos e transtornos neuróticos de demorado curso, que infelicitam ainda grande número de indivíduos na imensa mole humana.

Da mesma forma, a herança perversa em torno da sua finalidade, como de condenação, remontando à expulsão do *primeiro casal* do paraíso, gerou, na mulher dos tempos idos, sofrimentos injustificáveis, que ainda remanescem em algumas doutrinas religiosas arbitrárias, que ao invés de libertar as criaturas, escravizam-nas a textos esdrúxulos de profetas transtornados e fundadores de religiões incapazes para a vida sexual...

O fenômeno sexual tem lugar não no aparelho genésico, em si mesmo, mas no diencéfalo, onde se expressam os variados estados de excitação. Nessa região, os neurotransmissores específicos da função sexual produzem as ânsias do desejo e favorecem com as reações orgânicas indispensáveis à comunhão fisiológica anelada.

Isso significa que a Divindade estabeleceu uma área específica no cérebro para que a reprodução pudesse acontecer através de automatismos, que a evolução qualificou para melhor com a cooperação consciente do sentimento de afetividade.

Nas faixas ainda primárias, o abuso decorrente de falsas necessidades de prolongar indefinidamente o prazer, levou o indivíduo a comprometimentos psicológicos que redundaram em atuais condutas extravagantes e perturbadoras da função em si mesma.

Por outro lado, os comportamentos ansiosos e insatisfeitos, diante do natural cansaço da organização fisiológica, passaram a descobrir *elixires* e *poções mágicos* para o prolongamento da sensação, culminando, na atualidade, com o uso de substâncias químicas vasodilatadoras, que, certamente, produzem prejuízos diversos, à medida que são absorvidas pelo organismo não preparado para a ingestão dessa natureza.

A vitalidade sexual tem o seu início, o seu apogeu e a sua inevitável decrepitude, em períodos próprios da existência, de modo a serem transformadas as suas energias em outros tipos de fontes criativas, na Arte, na Religião, em aplicações de outra natureza, nas quais se expressa de forma inexaurível.

Aliás, toda vida orgânica experimenta esse fenômeno de fragilidade, a princípio, pujança e decadência depois, que são resultantes dos impositivos da evolução e da transitoriedade da maquinaria física, programada para um determinado período e sem possibilidades de ininterrupta atividade.

No mundo das conjunturas relativas, não poderia estar reservado ao corpo físico um programa superior às possibilidades estruturais da sua constituição temporal. Não seja, portanto, de estranhar, que todas as funções orgânicas tendam, naturalmente, a sofrer alterações e a avançar no rumo da deterioração.

A mente ativa, decorrência natural do Espírito lúcido, comandará sempre o carro celular, em qualquer período, no entanto, dentro das possibilidades que lhe constituem os equipamentos em uso.

Dessa forma, o sexo deve ser vivenciado com equilíbrio, ponderação, responsabilidade e discernimento, de modo que não se transforme em fator de perturbação ou de transtorno de comportamento.

A utilização saudável da função sexual constitui expressiva conquista moral do Espírito, que lentamente se liberta das paixões mais grosseiras para alcançar os patamares da afetividade sem angústia.

Polaridades sexuais e suas funções

Em realidade, no diencéfalo é que se encontram as funções das duas polaridades sexuais, na área pré-óptica do hipotálamo, que se apresenta mais volumosa no cérebro masculino, com uma formação específica, enquanto que, na mulher, apresenta-se duas vezes menor. Exatamente nesse campo é que a luliberina é produzida e liberada.

Ao estímulo dessa área surge, por automatismo, o interesse do homem pela mulher, desencadeando o desejo sexual quase incontrolável.

Certamente outras áreas do cérebro também contribuem para a manifestação da função sexual, mantendo vinculação com o aparelho genésico.

Já, em referência à mulher, o seu centro de estímulos encontra-se em o núcleo ventromedial do hipotálamo, sendo o mesmo nos demais animais mamíferos, que se submetem ao ato quando as fêmeas são buscadas pelos machos.

É nesse núcleo, portanto, que se expressam, no sexo feminino, as imposições dos hormônios sexuais.

Desse modo, no cérebro igualmente situam-se as *polaridades sexuais*, do ponto de vista de funcionamento, porquanto as expressões anatômicas são de natureza orgânica, que nem sempre correspondem às aspirações psicológicas do ser, dando lugar aos interesses homossexuais.

Graças à sua localização no cérebro, a função sexual manifesta-se de forma variada, seja de natureza romântica e terna ou através de comportamentos tímidos, de explosões de agressividade, de crueldade, de indiferença e de perversidade.

Desse modo, a atração entre os dois sexos é procedente de fenômenos diferentes no cérebro, facultando a conquista, o companheirismo e a união sexual, dependendo do hormônio que é secretado, a partir do momento em que o outro é visto, é recordado, é desejado...

A partir do primeiro contato visual ou físico com o outro indivíduo de sexo oposto, o cérebro masculino libera o hormônio vasopressina, que irá responder pelos sentimentos de fidelidade, de posse, de busca para a complementação sexual. Durante a fase de sedução e encantamento, o homem está sob essa poderosa influência até o momento quando, estimulado e pronto para a união física, passa a experimentar a ação da oxitocina, que é igualmente relevante para as sensações e emoções femininas. A união sexual, portanto, ocorre em ambos os parceiros sob essa ação prodigiosa, encarregada do desejo e da satisfação.

A Sabedoria Divina que compôs a organização cerebral para a união sexual, qual ocorre com as demais áreas referentes às diversas funções da vida fisiológica, psíquica e emocional, favorece a ambos os parceiros; no momento do clímax da união, a liberação de endorfina, a fim de que haja bem-estar e satisfação, que podem ser prolongados pela ternura e gratidão, que devem suceder a esse momento, quando advém o relaxamento muscular e físico generalizado.

Nas pessoas sensíveis e disciplinadas, exercem um desempenho de alta relevância no convívio sexual dos parceiros masculino e feminino, a carícia e a conversação amorosa, que se encarregam de estimular as áreas cerebrais correspondentes para a produção e liberação dos hormônios próprios para a função sexual.

A precipitação, a falta de preparação emocional, quando se busca apenas o conúbio físico, embora possa produzir a resposta cerebral, traz como resultado emocional a frustração, o futuro desinteresse, os conflitos da insatisfação...

O amor, na função sexual, é muito importante, mesmo do ponto de vista fisiológico, porque a liberação da oxitocina proporciona harmonia, já que esse hormônio é responsável pela sensação de paz que os parceiros experimentam no clímax da coabitação.

A máquina cerebral é tão extraordinária na sua funcionalidade que, nesse momento, também libera opioides que respondem pela satisfação e alegria derivadas da comunhão orgânica, impossibilitando os atritos e as disposições agressivas.

Desse modo, a comunhão sexual contribui poderosamente em favor da harmonia entre os parceiros, melhorando os grupos sociais, evitando as costumeiras agressões e crueldades.

Nos indivíduos satisfeitos sexualmente e harmonizados, sem os conflitos angustiantes e perturbadores da insegurança, da timidez, da inferioridade, predominam a alegria de viver, o bem-estar em relação à existência, o desejo natural da procriação, da proteção à família, da boa luta em favor do progresso pessoal e da comunidade.

Na função sexual encontram-se muitos fatores que propiciam a paz assim como os conflitos, dependendo da conduta e do estado em que se encontrem os indivíduos masculinos e femininos.

Aqueles, porém, que transitam no corpo sem parceria, nem por isso devem entregar-se ao desencanto, à melancolia, à infelicidade.

Direcionando a mente para os ideais de beleza, de fraternidade, do trabalho na arte, na pesquisa, em qualquer área em favor da autorrealização, experimentam equivalente bem-estar, idêntica satisfação em face da liberação de outros hormônios como a dopamina, a betaendorfina, que os reconfortam.

Assim sendo, nada obstante a necessidade da comunhão sexual, não somente através dela é possível a harmonia, mas também mediante outros mecanismos de realização pessoal, social e espiritual.

O ser humano é, antes de tudo, o Espírito que aciona o corpo e não somente o seu cérebro.

Como é certo que os hormônios são responsáveis pelas ocorrências do prazer e do desconforto moral, da harmonia como da agressividade, da alegria como da tristeza, é o Espírito que imprime nos neurônios a capacidade de produzir este ou aquele neurotransmissor responsável por tal ou qual finalidade.

Nesse desempenho, o mapa das reencarnações estabelece os mecanismos próprios para os necessários resgates de compromissos anteriores, para a promoção de novas conquistas, para as realizações libertadoras que devem constituir programa de ascensão e nunca de queda ou de estacionamento nas trilhas da evolução. Não fora dessa forma e a vida com os seus notáveis contributos emocionais não mais seria do que resultado de processos neuroquímicos, definindo os seres e submetendo-os aos seus caprichos ilógicos, conforme afirmam alguns materialistas confessos.

Há sempre uma causa antes do fenômeno que sucede na vilegiatura material, antecipando-o nesta existência.

Felicidade, portanto, e desengano, são produzidos pelos hormônios neuronais, em face dos impositivos espirituais encarregados da evolução. São eles que diferenciam as criaturas, que determinam as polaridades e suas funções, no aparelho genésico e no cérebro, de modo que expressem como impositivo o que se torna necessário para o processo evolutivo dos seres humanos.

Compromissos ético-morais em relação à conduta sexual

Os saudáveis relacionamentos sexuais favorecem o equilíbrio emocional entre o *ego* e o *Self*, proporcionando real alegria de viver.

Lamentavelmente, porém, a vulgarização do ato sexual, apresentado mais como resultado de condimentos eróticos do que resultado de sentimentos que se fundem através do amor, gera expressivo número de comportamentos alienantes, que culminam por transtornos de vário porte. Não são poucos os desconfortos defluentes do ato sexual em face dos distúrbios entre a imaginação, os *fetiches*, os condicionamentos emocionais e a realidade. A timidez de uns e o atrevimento de outros facultam choques de conduta que se revelam profundamente perturbadores nos relacionamentos, quando se deveria primar pelo equilíbrio, mediante condutas ético-morais pertinentes a uma função de tão complexo significado, qual a de natureza sexual.

Os vícios a que se acostumam os indivíduos, mediante a autossatisfação e a exacerbação dos estímulos pela imaginação, os desvios de conduta sexual, raiando a verdadeiras aberrações, criam dependências emocionais, que não encontram satisfação quando no uso equilibrado das funções genésicas.

Ademais, trazendo no inconsciente profundo as marcas dos compromissos infelizes do passado, a atual existência faz-se assinalada por inseguranças e medos, quando não por distúrbios do sentimento e dubiedade de conduta, mantendo um comportamento social correspondente às exigências do grupo em que se encontra e outro de natureza mental, vicioso, vulgar, promíscuo...

As paisagens mentais de incontável número de pessoas apresentam-se ricas de imagens chulas e atentatórias ao pudor, impondo devaneios que se tornam cada vez mais inquietantes, pela impossibilidade de se tornarem realidade no mundo das formas. Estorcegam, esses, que se permitem o prolongamento da anomalia, sem buscarem psicoterapias convenientes, em verdadeiros conflitos que defluem da viciação mental em que transitam.

Encontro com a paz e a saúde

Negando-se a situação de enfermos em processo de recuperação, fogem da realidade para os guetos morais dos lupanares e motéis onde se encontram à disposição os instrumentos do prazer doentio, ampliando a área emocional de insatisfação e desatino que culminam por danos psicológicos, às vezes, irreversíveis.

O *Self* acumula as experiências e as amplia em cada jornada reencarnatória, propiciando as condutas compatíveis com os hábitos armazenados. Por essa razão, cada qual vivencia aquilo a que está acostumado, embora deva buscar a renovação e a aprendizagem de novas experiências que conduzam à saúde moral e física, mental e emocional, para a qual a função sexual desempenha um papel de significativa importância.

O relaxamento dos valores éticos e morais dá margem aos voos da imaginação exacerbada, propondo prazeres exaustivos de qualquer forma, que não conseguem acalmar os seus aficionados. Quanto mais se vulgarizam os atos sexuais, mais necessidades falsas se apresentam para o seu atendimento. Por isso que a lamentável contribuição da pornografia com todos os seus derivados torna-se de resultados danosos ao saudável relacionamento entre dois indivíduos masculino e feminino.

Certamente, não se torna necessária qualquer técnica de castração, de impedimento à realização sexual. Nada obstante, a liberação exagerada e os ingredientes que são oferecidos para os bons resultados, são mais morbosos do que salutares.

O sexo deve ser considerado como órgão proporcionador de alegria, mas também de funções específicas, aquelas que lhe são pertinentes, e não apenas de prato apetitoso de gozos infindáveis.

Não é, portanto, o sexo que aturde o indivíduo, mas a sua mente e conduta depravada que o levam ao desvario. Como justificativa para a alucinação que toma conta de grande parte da sociedade, facilitam-se as condutas sexuais conforme os padrões de cada pessoa, dando lugar aos abusos da função e aos desvarios da prática.

Tudo quanto violenta a Natureza em si mesma, nas suas construções e apresentações, nas suas finalidades orgânicas, transforma-se em motivo de desordem, afetando o ser humano de maneira significativa.

O sexo foi colocado a serviço da vida e não esta à sua servidão.

O ser humano, possuidor de inteligência e de consciência, dispõe de mecanismos superiores para o trânsito evolutivo pela área da razão, utilizando-a para a vivência equilibrada das funções de todos os órgãos, em vez da exaltação e preferência de um deles, em detrimento dos demais. Decorre, desse abuso, o exaurimento de energias, a saturação do tipo do prazer experimentado, o desinteresse emocional pela vida fora dessa única realização, o tédio existencial, fugindo-se, então, para o alcoolismo, a drogadição, a revolta.

Quando se descamba no rumo das dependências referidas, começam a desagregação da personalidade, a instalação de transtornos depressivos profundos, de alienações da realidade, até o momento infeliz do surto que empurra para o suicídio ou para o homicídio...

Por outro lado, a vivência desregrada pelo abuso sexual ou pelo seu uso indevido, antiético, já é uma forma de distúrbio de conduta e uma indireta opção mesmo que inconsciente, às vezes, pelo suicídio a que se lança o paciente.

A vida é rica de objetivos elevados, cabendo ao *Self* estruturar-se de forma que a *sombra escura* ceda passo à claridade do discernimento das finalidades existenciais, além da eleição de uma área de comportamento especial. Toda vez quando o ser cinge-se a um tipo de conduta com desligamento da complexidade delas, que produz a saúde emocional e mental, experimenta inquietação íntima e insatisfação, por mais se afervore no que faz, às vezes, fanatizando-se, como mecanismo de fuga do conflito em que se debate.

Nesse sentido, quando se apresentam conflitos entre a polaridade física e a psicológica, facultando a afetividade homossexual, cabe aos indivíduos a vivência da ética-moral, deixando-se inspirar pelo amor real e sublimando os sentimentos. Quando essa meta não é conseguida, o afeto e o respeito devem constituir recursos valiosos para a parceria, evitando-se a promiscuidade, o comportamento exótico e provocador, que caracteriza transtorno da emoção, agressividade contra a sociedade que, afinal, não é responsável pelos conflitos de cada cidadão.

A interiorização do sentimento de amor, depois de trabalhado com esmero, expande-se dignificante e rico de bênçãos em todas as áreas do comportamento humano, não apenas expressando-se elevado nos relacionamentos heterossexuais.

Constatado que a homossexualidade não tem natureza patológica, nem é impositivo neuronal, conforme os estudos de nobres neurocientistas da atualidade, reconhecida a tese pela Organização Mundial de Saúde, podemos afirmar, sim, que se encontra geneticamente assinalando alguns neurônios, de forma que a produção de hormônios seja compatível com as *heranças espirituais* do passado, sempre as grandes delineadoras do presente e do futuro, ou com as necessidades evolutivas...

O Espírito progride viajando através de ambas as polaridades, masculina e feminina, facultando que, na mudança de uma para outra, por necessidade de progresso, as *marcas* (*arquétipos*) da existência anterior fixem-se na constituição atual, sem nenhum caráter de natureza cármica, punitiva, como pretendem alguns estudiosos, ou por efeito da necessidade de retificação de erros anteriormente praticados, vivenciando novas experiências iluminativas.

Seja, no entanto, qual for a causa anterior que responde pela atual conduta homossexual, por esse conteúdo *anima* que se encontra no ser masculino, assim como pelo *animus* que faz parte da constituição feminina, adquirindo prevalência e impondo a necessidade de atendimento, a conduta moral do Espírito irá delinear-lhe a existência harmônica ou conflitiva, insatisfeita ou não, pela qual transitará.

O fato de alguém amar outrem do mesmo sexo não significa distúrbio ou desequilíbrio da personalidade, mas uma opção que merece respeito, podendo também ser considerada como certa *predisposição fisiológica*. Pode-se considerar como uma necessidade sexual diferente com objetivos experimentais no processo da evolução.

O amor, no entanto, será sempre o definidor de rumos em favor do ser humano em toda e qualquer situação em que o mesmo se encontre.

Sexo, saúde e vida

O momento máximo da comunhão sexual apresenta-se, quando os parceiros se percebem portadores da progenitura. A constatação do fenômeno procriativo constitui emoção incomum no processo da evolução racional do ser humano. Especialmente a mulher que se converte em mãe, quando consciente da grandeza e significado da gestação, desde então, tornando-se abençoada por contínua produção de dopamina e oxitocina, tem o seu diencéfalo programado para essa finalidade, experimentando felicidade e bem-estar, excetuando-se, naturalmente, os casos de vivências provacionais e expiatórias.

Nesse período, a mulher torna-se una com o ser em processo de renascimento, mental e emocionalmente, experimentando as mesmas sensações de bem ou de mal-estar.

Quando nasce a criança, o ato da amamentação também o é de felicidade, em razão do prazer que experimenta a mulher nutrindo o seu *rebento*, dando lugar ao aprofundamento da afeição entre ambos. Essa afeição profunda favorece a mulher-mãe com uma alta percepção em torno de tudo quanto acontece com o filhinho, aguçando-lhe a capacidade de ouvir, de sentir, de compreender, que se prolonga por toda a existência.

A mulher nasce programada para a maternidade, como afirmamos acima, em função da necessidade evolutiva, possuindo no cérebro as *marcas genéticas* para tal fim.

A felicidade maternal é de tal ordem que as emoções, as sensações do filho se refletem na mulher, e vice-versa, tornando-se os dois, praticamente, um único ser...

Os homens também experimentam grande ventura pela procriação, sentindo-se realizados na condição de progenitores, o que lhes faculta afirmação da personalidade e da masculinidade, proporcionando-lhes maior completude no lar.

Indivíduos imaturos, no entanto, quando não preparados para a progenitura experimentam ciúme em torno do relacionamento da mãe com os filhos ou vice-versa, acreditando que os mesmos vieram roubar-lhes o amor do parceiro, quando, compreensivelmente, esse amor, ao invés de diminuído, mais se enriquece, por liberar-se da injunção de direcionado em relação apenas a uma pessoa.

Quando há maturidade psicológica, ambos os genitores mais se aproximam, a fim de atenderem a prole, favorecendo-a com a segurança própria ao seu desenvolvimento, considerando-se a dependência total de que são portadores, enquanto que os adultos já podem vivenciar a existência com os próprios recursos de que dispõem.

Os filhos enriquecem o lar, ampliam a capacidade de dever nos pais, dão um significado profundo à união dos adultos, o que proporciona a real felicidade na união.

Graças a eles, a luta dos genitores faz-se com mais profundos objetivos, facultando maior desenvolvimento intelecto-moral e maior sustentação de ideais de felicidade para a família.

Quando, porém, a união está periclitando, pensa-se, muitas vezes, indevidamente, que a chegada de um filho poderá salvá-la, o que nem sempre acontece, porque, passadas as alegrias iniciais, retornam o tédio e o desinteresse entre os parceiros, que se distanciam, inconsciente ou conscientemente.

Sem embargo, os parceiros que não procriam por uma ou outra razão, física ou psicológica, não se devem entregar à perda da motivação conjugal, porquanto a patermaternidade pode estender-se ao sentimento de solidariedade, abarcando outras vidas como credoras de carinho, favorecendo o desenvolvimento geral do grupo em que se encontram, tendo em vista a família universal de que fazem parte. Não somente através da procriação biológica pode-se experimentar o inefável prazer de ser-se pai ou mãe, mas também mediante a adoção do sentimento humanitário, artístico, cultural e espiritual.

O bom direcionamento da mente em favor dos ideais favorece a existência com uma forma de maternidade ou de paternidade feliz, que estimula ao prosseguimento existencial enriquecido de alegria e de bem-estar.

O sexo, portanto, a serviço da vida, é portador de saúde comportamental, que se expande na emoção e no psiquismo.

Uma vida saudável sexualmente responde por sentimentos de alegria e de bem-estar, ampliando as áreas dos relacionamentos sociais e idealísticos em que se encontram as criaturas.

Vale, porém, sempre ressaltar que o sexo deve ser exercido com a valiosa contribuição do amor, que estimula a produção dos hormônios propiciatórios ao prazer e ao equilíbrio, sem a pressa dos indivíduos psicologicamente irrealizados, tanto quanto daqueles que, saturados de experiências bizarras, esperam satisfação apenas orgânica, sem a contribuição da emoção plenificadora.

Educando-se, desse modo, a mente, e disciplinando-se a vontade, as funções sexuais expressam-se naturalmente e de forma equilibrada, evitando o mergulho em transtornos neuróticos ou psicóticos, sutis ou profundos, em razão da perfeita identificação entre as ambições do *ego* e as possibilidades do *Self* que rege o comportamento humano.

Por fim, podemos referir-nos a indivíduos que nascem com características masculinas ou femininas e são considerados conforme a aparência, que se altera por ocasião da adolescência, na puberdade, quando se definem morfológica e psicologicamente as funções sexuais através dos órgãos anexos.

O fato demonstra que no cérebro estão gravados em áreas próprias para a função e a fisiologia sexual, desenvolvendo-se de forma própria e independente.

Seja através dos relacionamentos saudáveis, seja mediante a abstinência consciente e tranquila, sem traumas, nem imposições de qualquer natureza conflitiva, o sexo é portador de mensagem vigorosa de paz e de alegria.

Sexo e saúde são termos da mesma equação da vida.

Temas para reflexão

200. Têm sexo os Espíritos?

"Não como o entendeis, pois que os sexos dependem da organização. Há entre eles amor e simpatia, mas baseados na concordância de sentimentos."

(KARDEC, Allan. *O Livro dos Espíritos.*)

"Um novo mandamento vos dou: que vos ameis uns aos outros; assim como eu vos amei a vós, que também vós vos ameis uns aos outros."

(João, 13: 34)

9
A CONQUISTA DA CONSCIÊNCIA

HERANÇAS INCONSCIENTES • DESPERTAR DA
CONSCIÊNCIA • CONSCIÊNCIA PLENA

O ser humano transita invariavelmente pelo processo evolutivo em estado de adormecimento no que diz respeito às ações, vitimado pelo ressumar dos arquivos do inconsciente, que liberam hábitos e atividades fixados, ensejando-lhe a repetição automática deles, sem o necessário discernimento que advém da conquista da consciência.

Em face do largo trânsito pelas faixas mais primárias, quando as experiências faziam-se predominantemente na área sensorial, abrindo possibilidades para o futuro racional, os pródromos da consciência irromperam em *insights* para fixar-se no *Self*, após as atividades demoradas do *ego*.

O desabrochar das potencialidades internas do ser fazem-se muito lentamente, enquanto as vivências orgânicas da sobrevivência, da manutenção do corpo, do repouso e da reprodução prevalecem, assinalando com vigor a vilegiatura humana, nas repetidas reencarnações.

Em cada oportunidade instalam-se novos valores que se fundem no inconsciente individual com as heranças do coletivo, impulsionando sempre para mais elevadas percepções.

A aquisição da consciência é processo lento e profundo, porque se encontra em germe no próprio ser, como a pérola preciosa na concha escura do molusco bivalve onde se desenvolve após a *irritação* no tecido que lhe dá origem...

O Upanixade assevera que *essa divindade que se vai manifestando nas atividades do Universo habita sempre no coração do homem como alma suprema. Aqueles que a identificam através da percepção imediata do coração, atingem a imortalidade.*

É óbvio que a imortalidade é o destino dos seres sencientes, especialmente quando atingem o período de humanidade. No entanto, o adormecimento da consciência dificulta-lhes avançar nesse rumo, porque ignoram o discernimento diante dos acontecimentos existenciais, sendo levados pelas paixões primitivas, aquelas que terão de ser abandonadas durante o curso de iluminação interior.

Essa busca para o encontro ocorre no domínio da natureza onde o ser está localizado, sendo-lhe necessário entender os mecanismos dos fenômenos de maneira lógica e real, o que o leva às causas essenciais e o encoraja para as novas conquistas que significam autolibertação e autoiluminação.

Em um sentido figurado, trata-se da inteligência que abrange o conhecimento, mas também do *coração* que sente e se aformoseia no amor, essa divina essência da vida, que é o ponto culminante da busca. A partir do momento em que ele se instala no íntimo, torna-se mais fácil o avanço, pois que resulta da superação do *ego* e das suas cargas de paixões escravizantes.

O *ego* não é o violino afinado para que a musicalidade do Universo possa dele espraiar-se, mas em face da capacidade que tem de ocultar o *Self*, quando entendido e trabalhado, liberta a melodia do sentimento de afeição que se vincula ao Amor Divino, facultando a identificação com a felicidade.

Nesse período de busca da consciência real, as imperfeições morais obscurecem o discernimento, apresentando valores que não são legítimos, mas que são disputados em renhidos combates perturbadores, que assinalam o Espírito com futuros conflitos e tormentos que poderiam ser evitados, caso tivesse a clara visão da realidade e do objetivo final, que é a plenitude.

Em face da ignorância dos tesouros do amor, o indivíduo se demora em discórdias e falsas posturas de superioridade, dividindo e impondo regras infelizes nas comunidades de que fazem parte. É nessa fase que surgem os comprometimentos com a intolerância, expressando-se em discriminações vergonhosas, como se todos os seres não procedessem da mesma Gênese Soberana.

Há, apesar desses limites, uma ânsia profunda no cerne do ser humano, que é atingir a harmonia, entender o Uno, integrar-se-Lhe, sem a perda da sua individualidade.

Esse cometimento se tornará possível, mediante o avanço, passo a passo, em que se vão superando os limites e aumentando a capacidade de compreensão do poderoso recurso da evolução.

Numa retrospectiva, pode-se analisar as aquisições logradas ao longo do raciocínio em relação ao tempo passado, entendendo os períodos superados e agradecendo as vitórias que foram conseguidas, e que resultaram dos impulsos para alcançar a Grande Luz.

Essa observação tranquila do já conseguido facultará possibilidades estimuladoras para as etapas que deverão ser conquistadas, sem danos emocionais nem perturbações do sentimento, antes, mediante o aprimoramento dos valores internos e as expectativas da vitória.

Teilhard de Chardin afirmava que o ser humano é a *ponta da flecha do processo evolutivo*, por encontrar-se, neste momento, com o melhor índice de consciência conhecido na Terra. Essa proposta é resultado do seu conceito de que o processo da evolução ocorre mediante *complexificação da consciência,* mediante a agregação dos recursos cósmicos diante de uma força externa, que é tangencial, auxiliando a consciência que favorece com novos estados de ser. Trata-se, portanto, da ascensão no rumo da Consciência Universal, o Uno, a melhor diretriz para alcançar-se o essencial: a plenitude!

Desse modo, o ser traz, em si mesmo, no seu inconsciente profundo, todo o potencial de que necessita para a autoconsciência, desenvolvendo-a nas muitas etapas das reencarnações, pois que, para tanto, se encontra no mundo físico.

A aquisição da consciência faculta a independência de cada um, ao mesmo tempo a vivência harmônica na comunidade em que se encontra colocado para evoluir, ensejando a fraternidade legítima, porque somente através dela, no intercâmbio de sentimentos e de realizações, é possível alcançar a união com o Pensamento Cósmico.

Trata-se de um processo que avança do simples para o composto, do escuro para o claro, da ignorância para a compreensão, da morte para a imortalidade com todo o seu potencial de vida e de bênçãos.

Compreender a consciência tem sido um dos grandes objetivos da Psicologia, questão sempre presente nos comportamentos de ação e de reflexão do ser humano.

Felizmente, alguns estudiosos já concluem que a consciência encontra-se no ser espiritual que é, adormecida, aguardando os esforços dos relacionamentos e dos conhecimentos para despertar, propiciando, cada vez mais, amplas capacidades de realização.

Será, portanto, na consciência, que se detectarão os conflitos e problemas-desafios que afligem os indivíduos e que os psicoterapeutas deverão trabalhar com intensidade, de maneira a iluminar os seus complexos escaninhos, nos quais estão guardados todos os fenômenos da historiografia da evolução de cada um.

Heranças inconscientes

Esse oceano quase infinito que é o inconsciente humano responde pela conduta e pelos reflexos mentais, emocionais e morais de cada indivíduo, que se expressa conforme os arquivos de que é portador.

Experienciando a inteligência há apenas duzentos mil anos, quando lhe surgiram os pródromos, e a razão, nos últimos dez mil anos, a aquisição da consciência permanece como um grande desafio, exigindo-lhe grande esforço para neutralizar os impulsos internos habituais, automáticos do instinto, abrindo espaços para a reflexão, o discernimento e a lucidez em torno da realidade.

Transitando numa forma de *sono-sonho* semidesperto, as ocorrências apresentam-se conforme a imaginação e as impressões fixadas, não de acordo com a sua estrutura real, o que o aturde, não poucas vezes, quando procura identificação com os fatos. Ei-los em forma de imagens algo deformadas pela ausência de discernimento em torno da sua formulação. Somente, a pouco e pouco, a *neblina* que os envolve dilui-se ante a claridade do discernimento que coloca parâmetros e definições em todos eles.

Não se trata de uma conquista imediata, mas de um esforço contínuo, a fim de criar novos padrões de comportamento, apresentando de maneira nova as ocorrências antes destituídas de significado.

A visão de uma árvore, por exemplo, que se apresentava como um conjunto, sem muita nitidez, passa a oferecer os detalhes da copa, da folhagem, do tronco, das cores vivas... Da mesma forma, a floresta não somente representa o conjunto abrangente, mas os detalhes, as características variadas, tudo quanto a constitui, sem a perda do volume em que se apresenta.

Essa observação natural do detalhe, ensejando maior penetração no conteúdo, significa avanço em torno do despertar para a realidade, para a conquista da consciência.

Compreensivelmente, o processo de crescimento começa na fase da consciência de *sono-sem-sonhos*, quando todos os acontecimentos são destituídos de significado psicológico, de realidade, expressando-se de maneira automática, repetitiva, retendo o indivíduo nos instintos primários de que se utiliza para sobreviver. Embora o intelecto esteja em ação, não existem paradigmas para o comportamento que estejam arquivados no imo, sendo essas as primeiras experiências que se consolidarão, à medida que sejam vitalizadas, podendo ressumar em forma de conhecimento que se aprimora quanto mais sejam vivenciadas.

Nesse cometimento, a vontade ainda não estruturada é responsável por um papel importante. Se estimulada a prosseguir no objetivo do despertamento, facilitar-lhe-á a ocorrência, mas se permanece sem estímulo, deixa de produzir o resultado desejado. A vontade significa o desejo de mudança, de crescimento na escala dos valores humanos, a fim de alcançar-se a perfeita lucidez, mediante a qual é possível a vivência da alegria e do bem-estar psicológico.

Nas manifestações mais primárias, o prazer é sempre decorrência das manifestações sensoriais, que irão facultando as expressões emocionais encarregadas de tomar as áreas da organização física, por melhor traduzirem os conteúdos do ser profundo, do *Self,* o herdeiro do *arquétipo primordial* em cujo cerne a vida é plena.

À medida que o ressumar das experiências antropológicas encontra campo no *ego* para expressar-se, de alguma forma liberam os seus resíduos mais dominantes, facultando novos arquivamentos que irão constituir a consciência lúcida do futuro.

A esmagadora força dos instintos começa a experimentar o trabalho da vontade desperta para o equilíbrio e a disciplina, transformando impulsos em ideias e desejos sensoriais imediatos em aspirações psicológicas portadoras dos sentimentos do belo, do bom, do nobre. Um sutil discernimento assoma, então, considerando o que é apenas prazeroso em relação àquilo que é útil, proporcionando bem-estar e promovendo a alegria de viver, sem os constrangimentos das sensações exclusivas.

Concomitantemente, o superconsciente irriga o abismo da inconsciência com aspirações desconhecidas que se encarregam de romper o envoltório denso das necessidades orgânicas, a fim de que surjam os anseios de felicidade fora das satisfações habituais.

A ciência e a arte de pensar com discernimento constituem um avançado passo no processo da evolução em que se encontra o espírito humano, sempre convidado a mais amplas conquistas, porque lhe está destinado o patamar da sintonia cósmica, aguardando-o em vibrações de harmonia transcendente.

Haver alcançado esse nível de consciência é ter-se superado, conseguindo vencer os impulsos para adaptar-se ao raciocínio cada vez mais depurado, em ascese fascinante, cada vez mais enriquecida de possibilidades.

Ken Wilber, analisando os estágios da consciência, reporta-se às fases *pré-pessoal, pessoal e transpessoal.*

Na fase *pré-pessoal*, ainda, segundo ele, a consciência estagia no *sensório-físico, fantasmagórico-emocional* e *mente representativa.*

Na segunda etapa, a *pessoal,* vive-se a *mente regra-papel, mente reflexiva-formal, visão lógica.*

Por fim, no nível *transpessoal*, experiencia-se o *psíquico, sutil, causal.*

(...) E acrescentaríamos os fenômenos paranormais conscientes, responsáveis, incluindo a mediunidade lúcida e a saúde emocional.

Nesse período *pré-pessoal*, a predominância do *sensório-físico* é a experiência mais vivenciada pelo ser em quem o inconsciente governa as ações, porque todos os sentimentos estão embotados pelo *fantasmagórico-emocional,* no qual as reflexões operam-se através da *mente representativa.*

Os símbolos são os recursos que favorecem a comunicação e essas imagens da *mente representativa* são tudo quanto consegue demonstrar a capacidade de pensamento. No entanto, trata-se de uma conquista que ruma para novos comportamentos psicológicos, que as reencarnações facultarão ultrapassar mediante as vivências que são impostas pelo processo de crescimento intelecto-moral.

A mente é campo fértil preparado para a sementeira de infinitas possibilidades, que são conseguidas graças ao esforço do *Self* em ampliar-se incessantemente, pois que essa é a fatalidade que lhe está reservada.

À medida que a consciência aflora e se vai enriquecendo, a fase *pessoal* abre-lhe as perspectivas da razão e da lógica, facultando ao ser o raciocínio e o discernimento propiciadores do entendimento dos fenômenos da vida, do pensamento em si mesmo, da estética, da ética, da arte, da ciência e da tecnologia... Nada obstante, os alicerces profundos continuam enviando as suas mensagens perturbadoras em forma de conflitos existenciais e de traumatismos emocionais, em relação a tudo quanto não pôde ser liberado conscientemente.

A catarse ocorre através das distonias que devem ser trabalhadas pelos psicoterapeutas capacitados a penetrar-lhes nas causas profundas, erradicando-as com sabedoria e paciência.

Por fim, na fase *transpessoal,* o ser humano supera-se e torna-se o *senhor de si mesmo,* podendo avançar com equilíbrio e paz na conquista do Universo, porquanto já conquistou o *Self* e agora é-lhe mais fácil o avanço.

Somente, então, as reservas do inconsciente profundo estarão transformadas em experiências-base do processo de crescimento, não mais interferindo na socialização e no desenvolvimento psicológico do indivíduo.

DESPERTAR DA CONSCIÊNCIA[4]

A consciência cotidiana é resultado das experiências mentais e emocionais que se repetem por automatismo, criando os hábitos do discernimento entre as atitudes certas e as incorretas.

As buscas da razão operam dentro de padrões de comportamentos saudáveis, nos quais o *ego* seleciona os valores mais compatíveis com o próprio bem-estar, mas também de sabor geral, ensejando satisfações harmonizáveis com os objetivos existenciais.

O despertar da consciência faculta o estágio de *sono-com-sonho* lúcido, vivenciando experiências que impulsionam ao progresso moral e ao preenchimento do vazio existencial, sem os estágios de saturação, de tédio, de modorra emocional.

Não somente as sensações fortes dão sentido psicológico, nesse nível, mas também as emoções sutis do próprio existir contribuem para que novos objetivos surjam na espontânea alegria de viver.

As impressões do passado vão perdendo o significado dominante, e o vir a ser assume interesse vivo, pois que

---

[4] Vide *Médiuns e Mediunidades* – Consciência mediúnica. Espírito Vianna de Carvalho. 1. ed., Arte e Cultura, 1991 (nota da autora espiritual).

constitui meta a ser alcançada, mesmo que não definida de momento.

William James afirmava: *"Parece não haver dúvida de que todos somos até certo ponto vítimas da neurose do hábito... Muitas vezes impedidos de avançar por causa das barreiras impostas pelos costumes ancestrais."*

Informa-se, num brocardo tradicional, que *os hábitos são uma segunda natureza*. E tem procedência a afirmação, porque eles impõem comportamentos não necessariamente racionais, mas automáticos, repetindo-se em sucessão interminável...

É necessário que haja a compreensão dos mecanismos intencionais da consciência colocados a serviço do futuro, para superá-los, evitando a *tendência à desvalorização*, que decorre dos não superados, geradores de rotina e de descontentamento.

Como efeito, os indivíduos que permanecem nos hábitos sem alteração *coisificam-se*, perdendo o sentido de humanidade.

Talvez, por isso, Gurdjieff afirmou que *a maioria das pessoas não existe, ou quase não existe: são pouco mais que nuvenzinhas de vapor aglutinadas por um corpo*. Desse conceito, algo absurdo, confirmou que *essas nuvenzinhas não sobrevivem (à morte), porque não há praticamente nada para sobreviver.*

Fora realidade esse postulado e não haveria razão alguma para a luta em que se deveriam empenhar as criaturas através da *quarta via* ou *via do homem hábil* por ele estatuída, considerando-se a fatalidade da destruição da consciência.

Sua proposta, aliás, baseia-se na busca do conhecimento, o de natureza científica, facultando a aprendizagem, para não se aceitar informações sem a experiência de si próprio, não se permitindo crer em algo sem o conhecer, sem o constatar, sem o exame a seu respeito.

Assim considerava o ser humano apenas como máquina, o que explicava a guerra, na qual umas lutavam contra outras máquinas, todas acionadas pelo *ego* reagindo em uns contra os outros.

Na sua proposta um tanto pessimista, embora o grande valor e contribuição da sua Psicologia, as pessoas deixam-se levar por outras como *folhas ao vento,* sem saber o destino para onde são conduzidas. Então sugere o *trabalho* que oferece estrutura e peso espiritual de forma que não seja movimentado por força alguma de fora.

Em realidade, no despertar da consciência de si, surge o conceito de destinação, de imortalidade, de autoconhecimento, de valorização de conteúdos, de estímulos a novas descobertas saudáveis e a significativas realizações.

O indivíduo retira do seu passado as experiências geradoras de conhecimento, mas não se detém nele, superando as ocorrências e criando novos embates de despertamento pessoal, a fim de que a névoa das memórias transatas não interfira na claridade das suas reais aspirações.

Esse conceito de destinação oferece ânimo para a luta sem tédio, sem objetivos de vitórias sobre os outros, mas sim, sobre os impulsos inferiores, conscientizando-se de que se trata de um ser imortal, cujo destino não teve início no berço, portanto, não se consumirá no túmulo...

À semelhança de uma herança genética divina, descobre Deus em seu mundo interior, como razão de existir, propelindo-o à futura identificação durante a fase de autoconsciência elevada, que deverá ser a meta a conquistar,

Encontro com a paz e a saúde

através dos outros níveis a alcançar, quando descobrindo a máquina pela qual se movimenta, conseguir controlar todas as suas funções, em disciplina natural, sem sacrifícios martirizantes nem concessões pieguistas.

A vida racional, em si mesma, exige uma contínua renovação de conceitos, de modo a ampliar os horizontes existenciais e melhor compreendê-los, mesmo que a perder-se no infinito. Por isso, o conhecimento desempenha um papel relevante, ao lado da emoção que deve ser direcionada para o equilíbrio ético e a estabilidade saudável, operando com segurança esses recursos em benefício do controle sobre as demais funções da maquinaria orgânica.

É indispensável que o esforço para manter a emoção em harmonia seja parte do programa da consciência de si, porquanto qualquer variação de humor, do intempestivo gargalhar ao profundo cismar, sempre expressa desequilíbrio no vasto campo da emoção. Desse modo, nem o excesso de emotividade, nem a escassez dela, em razão da prudência que deve viger no comportamento saudável de todo aquele que se liberta das heranças dominantes e procedentes da *natureza animal*.

Logicamente, as demais expressões passam a merecer identificação, porque a consciência, em processo natural, alcança o nível de *conhecimento de si mesma*, trabalhando os instintos que se submeterão ao controle da razão, funcionando dentro dos mecanismos necessários à sua finalidade.

Ao invés de reagir-se – por instinto –, agir-se – pela razão.

Os impulsos passam a ser controlados pelo discernimento em face da consciência de si, de responsabilidade, de compromisso com a vida, superando-se a pouco e pouco, até quando o pensamento lúcido sob o amparo da razão e da lógica predomine no conjunto geral.

De imediato a consciência – o *Self* – constata a necessidade de trabalhar os movimentos corporais, estabelecendo linhas de comportamento equilibrado, a fim de que todo o conjunto orgânico se expresse em ordem, facultando a harmonia geral da máquina biológica.

A função sexual assume, nesse momento, papel de relevante importância, em razão do predomínio que mantém sobre o organismo, seja a de natureza procriativa, seja em razão do prazer, exercitando a valorização da mente em relação ao conúbio corporal, antes que as exigências do desejo desgovernado e vicioso conduzam ao relaxamento dos sentimentos de amor e de respeito pelo parceiro.

Na complexidade da organização genética, a consciência, desperta de si mesma, é propelida a trabalhar com ponderação, quando a função psicológica do indivíduo não corresponde à organização fisiológica, diferindo a anatomia do comportamento emocional, o que pode produzir transtorno grave nas áreas psicológica e orgânica.

Para bem conduzir-se, mantendo-se saudável, o indivíduo é convidado a um aprofundamento dos valores ético-morais, em qualquer situação, e particularmente neste caso, estabelecendo diretrizes de equilíbrio sexual e de conduta social para que lhe não criem choques perturbadores, mesmo quando escamoteado o sentimento por aparente aceitação da ocorrência, mascarando conflitos que sempre ressumam em forma de depressão, de distúrbio do pânico, de alienação...

Alargando-se, cada vez mais, a percepção do maquinismo orgânico em que se encontra, a consciência de si identifica a emoção superior, aquela que induz ao cultivo da beleza, da arte, da poesia, da música, da inspiração do bom e do gentil, do nobre e do superior.

Abrem-se, então, as perspectivas para a contemplação da paisagem terrestre, das cores que vestem o mundo, das ocorrências de natureza mais sutil, como o canto e a música, a pintura, a meditação, a prece, a comunhão com outras mentes em sintonia superior, a *yoga*, a meditação, a conversação estimulante e inspiradora...

O belo, que existe no mundo interior, transparece em todas as coisas exteriores e desabrocha em sentido de harmonia dantes não experienciado.

Detalhes despercebidos anteriormente nos relacionamentos passam a ter significados profundos na emoção, ao tempo em que experiências transpessoais ampliam as possibilidades de compreensão da vida e da sua finalidade.

Quando se alcança o nível de consciência de si, não mais é possível uma existência harmônica sem a presença da arte nas suas mais variadas expressões, do amor como sentimento de união entre as criaturas e tudo quanto existe, porque o significado real da caminhada humana é alcançar a plenitude pela autodoação. Após o conhecimento, esse desiderato somente é atingido através do amor que se sublima.

Nesse estágio de emoção superior, a consciência vislumbra o nível mais elevado, que é o objetivo cósmico, transcendental...

O afã, porém, para a etapa mais elevada de consciência, é precedido do controle da máquina, na função intelectiva superior, quando o conhecimento já não se restringe aos interesses da cultura, pura e simplesmente, da aquisição de informações científicas e tecnológicas, filosóficas e éticas, mas à sua aplicação total na conduta, que transforma o indivíduo em um líder, mesmo sem o desejar, um modelo a ser seguido, porque, aspirando à harmonia, vivencia o equilíbrio, a saúde integral.

O nível de *consciência de* si é de alto significado no processo da evolução psicológica e moral do ser humano, ao lado do equilíbrio psicofísico que vigerá a partir de então.

A identificação com a harmonia entre a mente e o corpo, as sensações e as emoções, as aspirações e as forças morais proporcionam a compreensão de uma continuação da vida após o decesso da organização física ao túmulo, porquanto a Natureza – Deus – não aplicaria mais de dois bilhões de anos na construção do santuário orgânico, não houvesse a presença do *princípio inteligente* a guiar as aglutinações celulares sob direção divina.

A imortalidade desenha-se na consciência e após esforços hercúleos, o ser alcança o *nível objetivo*, transcendental, cósmico...

Consciência plena

Alcançado o nível de consciência de *sono-com-sonhos,* a realidade apresenta-se ainda difusa, cujos contornos perdem-se em vagos delineamentos que não lhe correspondem à exatidão.

Assim mesmo, têm início os fenômenos morais de sentido ético do comportamento, assinalando o bem e o mal, no entendimento da vida, embora acompanhados de justificativas para o erro, como decorrente de impulsos incontroláveis subjacentes no âmago do ser. Essa é, aliás, a forma como se escusam aqueles que delinquem, especialmente nas atitudes de agressividade e violência de todo tipo, e, em particular, nas de caráter sexual.

Certamente que esses impulsos primários ainda são predominantes nessa fase, mas o conhecimento que começa a discernir faz-se acompanhar da vontade que deve ser utilizada para o seu controle, em face do estado de humanidade que já foi alcançado, facultando a eclosão do pensamento, do raciocínio.

No instante em que a *consciência de si* se instala, o sentimento acompanha a capacidade de compreensão dos acontecimentos, dando lugar ao surgimento da culpa, no momento após a prática do erro, em forma de remorso e de arrependimento com o consequente resultado da busca em favor da reparação...

Muitos pensadores e psicólogos debatem sobre a questão do bem e do mal, assinalando que se tratam de fenômenos relativos e dependentes de conjunturas sociais e políticas, culturais e evolutivas da sociedade. De alguma forma, o mal tem um significado especial na conduta educativa do indivíduo, por trazer-lhe consequências perturbadoras, em forma de distonia, inconformismo, conflitos, como efeitos naturais da sua prática.

Com sabedoria ímpar, os Espíritos superiores, quando interrogados por Allan Kardec sobre essa questão, responderam-lhe que *O bem é tudo aquilo que é conforme a Lei de Deus; o mal, tudo que lhe é contrário.*[5]

O mal tem existência relativa, enquanto o bem não lhe toma o lugar. Procede, portanto, da prática equivocada

---

[5] Questão 630 de *O Livro dos Espíritos,* de Allan Kardec (nota da autora espiritual).

e egoística em relação ao bem, não tendo, desse modo, legitimidade, qual ocorre com a sombra, que é a ausência da luz e com a imperfeição, que é a cópia distorcida da perfeição. Quando se tem dificuldade em agir corretamente – o bem – atua-se de maneira equivocada e prejudicial – o mal.

A *consciência objetiva* transcende a razão linear, cotidiana, e se identifica com o Uno, participando da harmonia cósmica.

A individualidade liberta-se do *ego* e faz-se irmã da Natureza e de todas as criaturas que existem, mantendo um relacionamento vibrante com as energias universais e os seres que habitam outras dimensões vibratórias...

A paranormalidade, que começou a desabrochar no nível anterior, quando a emoção rompeu o círculo vicioso das paixões, engrandecendo-se, torna-se um sexto sentido. Essa conquista libera o indivíduo de todo e qualquer sofrimento, da ansiedade, do medo de ter medo, dos conflitos... Expandindo-se, a consciência plena é estágio superior da peregrinação terrestre. É nesse nível que se alcançam a inteligência lúcida, a imaginação ideal e a criatividade desprovida de sonhos e enganos, sem os arquétipos habituais, na área da superconsciência, desvendando o porvir, logrando o vir a ser.

Quando se está em nível inferior, é como alguém colocado num quarto totalmente escuro e silencioso que perde a capacidade de pensar com lucidez, pela falta de estímulos fortes, pela perda do senso de valores. A herança da tendência negativa e pessimista existente nos alicerces do inconsciente produz o *desaparecimento da mente* e a consequente perda do sentido do prazer, que são as bases organizativas do que se denomina como realidade... Nessa fase, a compreensão dos valores é quase nula e sem sentido psicológico, porque a capacidade de qualificação encontra-se embotada, incapaz de expressar-se com nitidez.

Alcançando-se, no entanto, a consciência plena, logra-se o estágio superior da peregrinação terrestre. É aí, durante essa inabordável conquista, que se atinge o *Cristo Cósmico*, penetrando-se no entendimento do mecanismo universal, nas leis da vida, embora os limites que fazem parte do Espírito humano, na sua condição de relatividade ante o Absoluto.

Mergulhada nesse oceano de sabedoria, a consciência libera o amor que surge em formulação inabitual e manifesta-se triunfante em domínio de todas as emoções que se deslocam do *ego* para o *Self* na gloriosa identificação com Deus.

Alcançado o estágio *numinoso* – a grande meta psicológica da existência terrestre –, já não é mais a personalidade que vive, mas a essência divina consubstanciada no ser que se liberta do cárcere das reencarnações para iniciar novos ciclos de evolução transcendental.

O fascínio para a aquisição dessa autoconsciência, essa clara compreensão da sua finitude ante a infinitude da vida, propele o ser na direção ditosa da sua imortalidade vitoriosa.

A transferência de um para outro nível de *consciência objetiva* enseja a sublimação do ser, facultando-lhe a visão coletiva desde o alto, em vez da limitada capacidade do verme que enxerga apenas o que se encontra à sua frente, ao tempo em que propicia encantamento e beleza, estimulando às novas e mais amplas conquistas para a libertação total.

Os sábios e mestres de todas as épocas, os místicos e santos, ao lado de artistas e cientistas de alto coturno espiritual, bem como os heróis de todas as expressões conseguiram este logro, *perdendo* o *ego* e tornando-se *budas, cristos, mahatmas, taumaturgos...*

O desaparecimento do *eu* apaixonado e perverso deu-se, não mediante a autonegação, a autodestruição, mas através da autodiluição das estratificações dos alicerces atávicos procedentes das experiências primárias da evolução.

O trânsito, portanto, do *Self*, pelos diferentes níveis de consciência, pode ter lugar mediante sofrimentos e êxtases, largas vivências do erro ou através dos processos das lentas transformações.

O príncipe Siddhartha Gautama, por exemplo, iluminou-se quando se deixou arrastar pela correnteza da vida em entrega total.

Paulo de Tarso adquiriu a *consciência objetiva*, no momento do magno fenômeno da aparição de Jesus, no deserto, às *portas de Damasco*.

Francisco de Assis conseguiu os estigmas e a consciência plena, quando depurado de todo desejo.

Michelangelo, após esculpir o Moisés e terminar a Criação, na Capela Sistina, entrou em êxtase e *fundiu-se* com a obra.

Händel pairou acima da consciência cotidiana, enquanto compunha o *Aleluia*, no seu imortal *O Messias*.

Teresa de Ávila diluiu-se na Consciência Cósmica, deixando-se *consumir* pelo total amor por Jesus...

(...) E Galileu, Newton, Tycho Brahe, Pasteur, Semmelweis, Hansen, Einstein, Max Planck, Heisenberg e modernos neurocientistas quando, esquecidos de si mesmos, entregaram-se à obra de libertação da Humanidade.⁶

Milhares de outros missionários conseguiram *insights* da consciência plena nos momentos de clímax das suas realizações, quando alguns mergulharam nos seus arcanos e neles permaneceram iluminados.

O processo natural, que faculta a conquista da consciência plena, é também feito de avanços na abnegação, no discernimento, no amor e na autodoação.

Todos os seres humanos marcham inexoravelmente para essa conquista, que deve ser o objetivo do processo evolutivo, no qual se encontram incursos.

Nesse atraente percurso, no qual o erro e a maldade são apenas experiências seletivas para a conquista da sabedoria, consegue-se a superação das angústias, do vazio existencial e dos sofrimentos, pois que tal é a meta da vida, ocorrendo esse processo lenta e saudavelmente.

Temas para reflexão

631. Tem meios o homem de distinguir por si mesmo o que é bem do que é mal?

"Sim, quando crê em Deus e o quer saber. Deus lhe deu a inteligência para distinguir um do outro."

(KARDEC, Allan. *O Livro dos Espíritos*.)

---

⁶ Vide nosso livro *O ser consciente,* cap. O essencial, LEAL, 1993 (nota da autora espiritual).

"Pelo contrário, rejeitamos as coisas ocultas, que são vergonhosas, não andando com astúcia, nem adulterando a palavra de Deus; mas, pela manifestação da verdade, nós nos recomendamos à consciência de todos os homens diante de Deus."

(II Coríntios, 4: 2)

10
Em busca da iluminação interior

A iluminação interior • Processo de autoiluminação • Conquista da iluminação interior

O ser humano está fadado à plenitude, ao estado *numinoso*.
Todo empenho deve ser encetado, a fim de que o processo de autoaprimoramento moral e espiritual dê-se com segurança, sem retrocessos na decisão nem temor diante dos avanços e das conquistas logradas.

Remanescente das heranças ancestrais, a sua marcha ascensional é feita de vitórias do *Self* sobre a *sombra densa* que lhe dificulta o discernimento ou vincula-o aos hábitos doentios que deve superar, mediante a instalação de outros de ordem saudável, no que se lhe tornarão mais fáceis os passos no rumo do futuro.

Profundamente vinculado a Deus, de Quem procede, já foi possível nele identificar-se um gene específico, encarregado da crença no Soberano Genitor.

Dessa forma, a busca da iluminação, isto é, da conquista da autotranscendência, é-lhe um impositivo da evolução, que não mais se compadece do estado de *sombra* por onde perambula, impulsionando-o aos tentames contínuos até o momento em que se sente invadido pela paz que d'Ele dimana.

A princípio, essa necessidade manifesta-se em forma de *vazio existencial,* que se lhe faz um tormento de insatisfação, diante da qual nada consegue como contribuição para a conquista da harmonia ou da alegria de viver.

Pode armazenar coisas, dispor de recursos financeiros e afetos, facilidades de natureza múltipla e, no entanto, permanece a ausência de algo indefinível, que pode ser defluente de problemática pretérita, quando desdenhou ou utilizou-se equivocadamente das concessões do amor e da paz, ou da ingente necessidade de Deus.

Não sabendo como realizar essa busca interior, foge do mundo e malbarata as bênçãos de que é possuidor, na inutilidade do insulamento, distante da solidariedade e da convivência com todas as criaturas, que fazem parte da sua imensa família universal que lhe é necessária para o crescimento espiritual.

Nesse estado de abandono de tudo e de todos, pode ocorrer-lhe o êxtase, a negação do *ego* e das suas necessidades, no entanto, faz-se inadiável a convivência com a vida em geral, a fim de poder tornar-se útil, contribuindo em favor dos demais.

Em diversas ocasiões, mal orientado, busca a autoiluminação utilizando-se de diversas técnicas de flagícios ou de sacrifícios em relação ao corpo, como se fosse ele o obstáculo (*shatan*) à realização que busca afanosamente.

Exercícios exaustivos são propostos em favor da autorrealização, facultando o mergulho em estados alterados de consciência, dos quais retorna com mais *vazio*, anelando fugir para encontrar-se.

O jovem príncipe Siddhartha Gautama, quando procurou encontrar-se e preencher-se, tentou fugir do mundo e disciplinar o corpo mediante injunções penosas, descobrindo, por fim, que não seria dessa forma ou do gozo que o lograria, mas através do equilíbrio, *o caminho do meio*, que lhe facilitou a conquista.

É, certamente, através do amor, da autonegação, isto é, da identificação do *Self* soberano ante as imposições relativas do *ego*, que ocorre a iluminação de dentro para fora, ensejando a harmonia e a completude indispensáveis à transcendência, que produzirá o preenchimento interno.

A iluminação interior independe da educação das faculdades paranormais, mediúnicas em particular, dos estados de exaltação e do transe, do êxtase ou de quaisquer outras manifestações parafísicas. Ocorre, mediante o desenvolvimento dos inesgotáveis recursos internos que procedem de Deus, do acalmar das ansiedades da emoção e das imposições orgânicas.

O ser iluminado vive, por antecipado, o estado nirvânico, a plenitude, sem que tenha necessidade de abandonar os impositivos da reencarnação. A conquista do *Reino dos Céus* não o afasta do mundo, antes condu-lo à convivência do século, de modo a tornar-se lição viva e estímulo para os outros, sem fazer-se mundano ou igualmente necessitado de experienciar outra vez o império das paixões...

A iluminação interior

O Espírito que se é, na sua essência crê em Deus, na vida e nos valores dignificantes.

A fé é genética, porque defluente de um gene específico, responsável pelos estímulos neuronais, responsáveis, especialmente, pela produção de algumas monoaminas, tais como a serotonina, a noradrenalina, a dopamina, ora identificada como a substância geradora da felicidade.

Reencarnando-se, à medida que se intelectualiza derrapa em conflitos filosóficos e em imposições religiosas dogmáticas que o levam à dúvida, empurrando-o para a descrença.

Enquanto a fé procede da constituição genética, portanto, a espiritualidade, a confissão religiosa, o culto de qualquer denominação resultam da herança sociológica, filosófica, doméstica. A crença é espontânea, natural, enquanto a participação religiosa e a definição de uma delas são consequências da educação, da convivência no lar ou no grupo social, sujeitas a alterações racionais ou comportamentais.

Essa crença pode apresentar-se sob dois aspectos: a) natural, que é espontânea, conduzindo a criatura a viver sem indagações de onde se encontra, se há segurança no lugar em que se hospeda, no veículo de que se utiliza, sem considerar se o seu condutor é saudável, depressivo ou esquizofrênico, colocando a sua vida em risco, alimentando-se sem a suspeita de que poderá estar sendo envenenado, de aceitar a medicação sem o receio de estar sendo intoxicado, exceção feita aos estados de consciência alterada, na paranoia, na depressão, nas psicoses... b) raciocinada, quando é fruto da lógica, da análise, da pesquisa de laboratório, da razão, portanto, adquirida pela experiência, pela vivência dos fatos.

No primeiro caso, vemos a confirmação da tese em inúmeros comportamentos, especialmente nas terapias placebo, quando pacientes graves ou portadores de enfermidades de demorado curso, medicados com substâncias inócuas (drágeas de açúcar, de massa, de farinha de trigo), informados

dos excelentes conteúdos de que se fazem portadoras, apresentam melhoras consideráveis, estimulando a produção de monoaminas responsáveis pelo reequilíbrio e mesmo pela reversão do quadro desesperador.

Por outro lado, os efeitos nocebo também ocorrem quando o médico demonstra cansaço ou desânimo, apresenta diagnósticos severos sem a preparação psicológica do paciente, de imediato a piora é facilmente percebida, tornando o quadro muito mais difícil de tratamento. Multiplicam-se os casos de enfermos que, diante do diagnóstico rude e agressivo, desesperam-se, agravando a enfermidade, e mesmo vindo a morrer em face da notícia, o que se configurou denominar como *morte pelo diagnóstico*.

A iluminação ocorre quando se é capaz de compreender quem se é, de onde se veio e para onde se vai, culminando com o esclarecimento em torno do que deve realizar na Terra... A ignorância desses postulados mantém na escuridão, no tormento das dúvidas e aflições.

A iluminação, portanto, rompe a treva densa do desconhecimento, facultando a experiência contínua do equilíbrio e da harmonia que levam ao *numinoso*.

Santo Agostinho asseverou que *a iluminação dá luz divina à alma, pelo que a inteligência se torna capaz de atingir um conhecimento verdadeiro* da realidade do ser em si mesmo, descobrindo a finalidade existencial.

Ele próprio adquiriu-a após ouvir o brilhantismo iluminativo de Santo Ambrósio nos seus memoráveis sermões na Catedral de Milão.

Orador exímio e retórico, Agostinho de Hipona, maniqueísta, vivia aturdido no báratro dos conflitos.

Interessado mais no orador e retórico, que era Ambrósio, foi ouvi-lo, e, deslumbrado pela forma do discurso e pelo seu conteúdo, iluminou-se, passando a viver o Cristo interno e viajando no rumo do autoconhecimento.

A iluminação interior procede da busca do vir a ser, harmonizando-se com o ser que já foi conquistado e por cujo empreendimento todos se devem empenhar pelo conquistar. É também o descobrimento (revelação) do Ser Supremo pelo Espírito em crescimento, em busca de estágios mais dignificantes e elevados, que demonstram a essência da própria origem.

Essa jornada é tranquila, consciente, sem os traumas das buscas infrutíferas, de tempo indeterminado, porque pode ocorrer de um para outro momento, sem prazo fixo, sem determinação de fatores propiciatórios.

Inúmeros são os caminhos para consegui-la, relativos ao estágio de evolução em que se encontra cada indivíduo, como é fácil de compreender-se. Aquele que possui maior capacidade de concentração, de reflexão, de vida interior, mais facilmente pode iluminar-se do que outro, inexperiente e inquieto, ansioso ou tomado de receios injustificáveis.

A iluminação interior tem sido identificada por denominações diversas, como por exemplo: *Buda* (em Siddhartha Gautama), *Cristo e Messias* (como em Paulo, em Santa Teresa d'Ávila), *satori* (no Zen-budismo), *samadhi* (no Yoga) ou conforme algumas escolas de esoterismo e ocultismo: *autorrealização, libertação, nirvana, plenitude*...

Psicologicamente pode ser denominada como *autotranscendência, plenitude,* estado *numinoso*...

Nas tradições de muitas correntes religiosas, encontram-se os símbolos que a representam, como a *estrela de*

Davi, (no Judaísmo), *lótus de mil pétalas* (no Hinduísmo), *Santo Graal* (no Cristianismo) e através de diversas imagens, como *a rosa mística, a chama eterna, a chama violeta, o lago tranquilo...*

Desse modo, observa-se que a busca da autoiluminação tem tido vigência desde priscas eras, quando o ser humano passou a compreender a necessidade de integração na Consciência Cósmica, na autossuperação.

Isto porque, o conceito de imortalidade não é novo, encontra-se exarado no inconsciente profundo do ser humano a respeito de si mesmo.

A iluminação é, portanto, a grande meta que todos devem buscar, a fim de alcançar o melhor de si mesmo.

Deflui, dessa busca, a compreensão em torno do impositivo de viver-se o presente com caráter integral, sem saudades do passado, que não pode ser alterado, senão mediante as ações atuais, ou ansiedades pelo futuro, que talvez não seja alcançado na vilegiatura em que se movimenta, sendo questão para depois...

Por isso, o buscador da autoiluminação deve permanecer atento à manutenção da mente aberta a novas conquistas, a passos mais avançados no processo evolutivo.

Processo de autoiluminação

Toda e qualquer tentativa em favor do processo de autoiluminação deve ser iniciada através da mecânica do amor, que conduz a inteligência, orientando-a no sentido da grande vertical da evolução.

Uma das maneiras mais vigorosas para expressar-se, encontra-se nesse amor em forma de compaixão, que está presente na origem da própria vida, demonstrando que, ao alcançar o conhecimento de si mesmo, o sentimento nobre de compaixão (solidariedade, misericórdia, companheirismo, caridade) apresenta-se de forma natural, inesperada, não programada.

É através da sua vibração de generosidade que se desdobram os sentimentos de benevolência para com todos, de simpatia e afeto por todas as formas de vida, mesmo não sencientes: montanhas, pedras e metais diversos, vales, rios e mares, florestas e jardins...

A busca da autoiluminação pode assemelhar-se ao esforço exercido durante a contemplação das águas de um rio, que fluem contínuas na direção do mar ou do oceano onde se mesclam. Absorta na observação da corrente, a mente consciente perde-se num esvaziar de pensamentos para acalmar-se, transmitindo paz. O encontro das diferentes águas sempre se dá através de um choque. O mesmo ocorre no momento da autoiluminação, que pode ser afligente, dolorosa no começo (Saulo, às portas de Damasco, em pleno deserto, visitado por Jesus) ou suave e doce (o príncipe Siddhartha à sombra da árvore *bodhi* – a figueira).

O indivíduo que se apiada do sofrimento do seu próximo – vegetal, animal ou humano – desejando ajudá-lo, facilmente se ilumina, em face do conhecimento que possui em torno do significado existencial da vida na Terra. Esse fenômeno é resultado das tendências universais resultantes do processo da evolução moral, manifestando-se nesse expressivo sentimento de compaixão, dos mais altos que a psique humana pode exteriorizar.

A Biologia demonstra essa harmonia que vige em todas as formas vivas, quando, por exemplo, as *individualidades*

– células, órgãos – sucumbem a benefício do conjunto que formam, eliminando os interesses de cada uma. Cada qual falece para que o organismo continue vivo, até o momento em que a energia vital mantenedora da totalidade se extingue e advém a morte global...

Também os seres humanos devem sacrificar-se com amor e compaixão em benefício de todas as outras vidas, assim contribuindo para que tudo expresse a sua realidade coletiva, sem nenhuma perda de individualidade.

Quando esse pensamento inunda todo o ser, é concretizada a realidade que parte sempre da mente, a usina geradora das forças da vida, facultando a perfeita conexão com o corpo.

Na complexidade dos raciocínios e pensamentos – em média cinquenta mil por dia em cada pessoa comum – na grande maioria, deprimentes, recalcitrantes, angustiantes, desencadeadores de ansiedade e de mal-estar, é compreensível que se instalem distúrbios de conduta, da emoção, orgânicos.

A educação pelo equilíbrio e saudável direcionamento deles produz uma redução expressiva na variedade, contribuindo para a qualidade selecionada, que ensejará, no momento oportuno, a iluminação, a ausência de interrogações perturbadoras, de culpas portadoras de aflições, de conflitos construídos pela insegurança e pelo medo...

Deve nortear essa busca o sentimento de solidariedade e de compaixão, jamais o interesse escuso de natureza egoísta, qual seja: alcançar a paz interior, a fim de ver-se livre de problemas e de sofrimentos, fugindo ao dever de compartilhar as dores gerais e de trabalhá-las, de maneira que cedam lugar ao bem-estar de todos.

Enquanto vicejem as infelizes imagens egoicas no ser, não haverá libertação das mazelas e das *escamas* que impedem a iluminação interior.

Merece recordar-se que Saulo, após o encontro com Jesus, experimentou peculiar cegueira, que somente desapareceu quando o venerando Ananias, aquele a quem ele ia aprisionar em Damasco para conduzi-lo a ferros a Jerusalém, foi visitá-lo na hospedaria por solicitação do Mestre Nazareno, e, impondo-lhe as mãos nos olhos apagados, devolveu-lhe a visão, retirando as *escamas* que os cobriam...

Tal ocorreu, porque Ananias era iluminado – havia predominância da compaixão nos seus sentimentos, porquanto, na condição de vítima potencial, socorreu o seu virtual algoz!

Significando a libertação das máculas adquiridas durante a longa viagem antropológica, por meio dos fenômenos das sucessivas reencarnações e das fixações dos instintos no processo de aquisição da inteligência, nessa fase que intermedeia o logro da intuição, iluminar-se é alcançar por antecipado esse estado de paz, no qual se transita mais com o psiquismo do que com o organismo fisiológico.

Indispensável que os ideais de enobrecimento sobreponham-se aos interesses imediatos, de forma que as monoaminas responsáveis pelo bem-estar, pela harmonia, sejam produzidas através dos estímulos mentais nos neurônios responsáveis.

Através desse mecanismo acontecem mudanças cerebrais significativas, umas lentas e outras mais rápidas, pelo acionar das regiões frontal e posterior do cérebro, produzindo a irrupção dos sentimentos de paz, de alegria, de satisfação interior, numa transformação de conduta para melhor.

Esses sentimentos estão vinculados àqueles de natureza religiosa, que conseguem disparar essas reações mediante a captação de símbolos e imagens, visuais ou sonoras, como as melodias litúrgicas, o crepitar da chama de velas, o odor do incenso e da mirra, o som do sino, que levam à meditação em torno das suas origens...

Nos casos mais lentos, o processo de excitação mental se dá mediante a *diminuição das atividades da área cerebral de orientação que, intermediada pelo tálamo, comunica-se com o sistema límbico através do hipocampo, da amídala e do hipotálamo.*

Nesse aspecto, a herança genética desempenha papel fundamental, especialmente no que diz respeito ao *gene de Deus*, propiciador da espiritualidade inata no indivíduo, responsável pelo seu nível de emoção transcendental.

Assim considerando, a autotranscendência é um sinal dessa hereditariedade, que se faz responsável pela ocorrência.

É compreensível que haja fatores de natureza fisiológica, a fim de que se expressem os fenômenos na organização física do indivíduo, propiciando-lhe as sensações e emoções compatíveis às respostas mentais.

Novamente o aspecto da compaixão adquire significado, porquanto a busca da Natureza e das suas várias expressões, como fases da evolução da vida, deve ser considerada como essencial, a fim de alcançar o sentimento de humanidade.

Não se pode amar e sentir compaixão apenas dos seres pensantes, sem uma correspondência com os demais que constituem a ordem universal, particularmente no planeta-mãe, que é a Terra.

Esse sentimento vem do interior do indivíduo, qual uma semente adormecida que, diante dos fatores mesológicos e específicos desabrocha rica de força, alcançando a finalidade para a qual se encontra destinada.

Assim sendo, o germe da espiritualidade deve encontrar-se no imo do ser, e somente é possível porque originado em um gene específico, qual ocorre com aquele que foi denominado como o de Deus...

Conquista da iluminação interior

A iluminação interior, porque dilui toda sombra de ignorância no imo do Espírito, trabalha pela vitória sobre o medo em todas as suas expressões – da morte, da vida, do insucesso, das doenças, do erro, da velhice, da miséria – ocorrendo, ora de chofre, ora lentamente.

Degrau a degrau, ascende-se ao patamar da plenitude, ou quando se está preparado emocionalmente em etapas anteriores, o *salto* se dá como se ocorresse a ação da catapulta de um relâmpago, anulando tudo de uma vez e permanecendo-se como claridade inconfundível.

Não se trata de um trabalho do intelecto, de uma programação mental adrede estabelecida, mas de um jorro interno, como de uma explosão, ou como efeito de uma projeção externa, procedente do Mundo transcendental, instalando-se no íntimo do ser e fluindo para fora sem cessar.

Transforma-se, de imediato, o aspecto do indivíduo, que se faz sereno, de olhar manso e brilhante, de voz dúlcida – sem fingimento – cuja vibração enternece e impregna quantos a escutam. A harmonia toma-lhe conta do comportamento e todo ele é um archote que arde sem crepitar, sem oscilar, mantendo a mesma luminosidade.

Fisiologicamente, como resultado da emoção profunda, as glândulas suprarrenais descarregam cortisol na corrente sanguínea com efeito calmante e não somente depressor...

Nesse fenômeno transformador, experimenta-se a sensação do despertar de um letargo ou de um pesadelo afligente, com a consequente sensação de estar-se consciente do próprio Si, em decorrência da presença da adrenalina, também secretada pelas suprarrenais...

Os desafios existenciais prosseguem, mas não se tornam perturbadores, porque a autoconsciência conduz à autotranscendência, eliminando os distúrbios da ansiedade e da insegurança, da aflição psicológica e dos conflitos inquietadores.

Não se trata de uma serenidade semelhante à das águas paradas, pantanosas, que ocultam decomposição orgânica ou lodo perigoso, mas da harmonia interna que se movimenta no tumulto sem sofrer qualquer transtorno.

Igualmente, não induz a uma atitude sempre passiva, indiferente às ocorrências do mundo, aos desafios terrestres e aos conflitos humanos. Faz-se dinâmica, atuante, contribuindo em favor das transformações sociais, culturais, econômicas, morais...

Pensa-se, equivocadamente, que o iluminado distancia-se do mundo de tal forma que nada mais lhe interessa. Em realidade, a conscientização é vertical no rumo divino, não somente horizontal, em direção ao convencional, ao imediato. Com o entendimento da realidade profunda e do significado psicológico legítimo em torno do existir, instala-se na mente e no sentimento a eleição pelo essencial, que recebe preferência, sem desprezo pelos complementares, os secundários, que são as realizações exteriores.

O Buda, autoconsciente, movimentou-se na direção das massas desorientadas, a fim de ensinar-lhes *o caminho do meio,* o roteiro de segurança para a felicidade, que não se encontra nas coisas pelas quais se luta com sofreguidão, mas sim, na harmonização interna que pode administrar todas as demais ambições.

Francisco de Assis, após ser impregnado pelo *Cristo,* renunciou a tudo que eram posses transitórias, para cuidar somente de uma coisa – o amor! E arrebanhou, na sua dinâmica de entrega total, incontáveis criaturas que o seguiram, enquanto ele, por sua vez, acompanhava Jesus.

Gandhi, na sua autotranscendência, ofereceu-se como exemplo vivo do amor e da solidariedade, conduzindo milhões de vidas à compreensão de que a violência somente produz agressividade e rebelião, e que, por meio da *não violência,* é possível libertar-se a criatura das suas paixões e das imposições dos outros.

Albert Schweitzer, iluminado, fez do socorro médico e espiritual aos infelizes da então África Equatorial Francesa e do mundo todo, o recurso mais importante para a felicidade pessoal e coletiva.

A iluminação interior não se restringe apenas aos aspectos da fé religiosa, mas também aos ideais de humanidade, de benemerência, de arte, de ciência, de pensamento...

Pasteur não cessava de investigar a causa da raiva; Jenner, a da febre aftosa; Semmelweis, a da assepsia; Oswaldo Cruz, a da malária... Por sua vez, Händel mergulhou nas harmonias celestes para expressá-las no *Messias;* Johann Sebastian Bach agoniou-se até captar *Jesus, a Alegria dos homens;*

Beethoven, embora a surdez absoluta, debateu-se nos pélagos internos e traduziu a majestade da vida, em a *Nona Sinfonia* (a Coral); Schiller, Goethe, Walt Whitman da mesma forma, porém, antes deles, Virgílio, Dante, na sua *transumanização* também expressaram diferentes graus de iluminação interior.

Michelangelo atingiu a plenitude da beleza ao materializar a Criação, na Capela Sistina e no Moisés...

O *Reino de Deus está dentro de vós*, asseverou Jesus, por isso que é necessário o autodescobrimento, a fim de o encontrar, porque todos somos seres espirituais e não as formas de que necessitamos para evoluir através das experiências carnais.

Inevitavelmente, todos temos de olhar-nos interiormente, de despertarmos para a realidade interna e procurarmos nas fontes do sentimento, os melhores e mais eficientes recursos, a fim de libertarmo-nos das injunções penosas do *ego*, necessárias por um período, escravizadoras mais tarde.

Com essa compreensão profunda, o ser, mesmo adulto, torna-se inocente, em estado de infância, de pureza, de não perturbação, não malícia...

Confirmando-o, Jesus pediu que deixassem ir as crianças ter com Ele, *porque delas é o Reino dos Céus,* demonstrando que a simplicidade da emoção e a autoconfiança que todas possuem deve retornar ao ser adulto, quando se desembarace dos atavios angustiosos e dos prejuízos morais que o detêm aprisionado nos vícios e nas paixões doentias.

Quando ocorre a iluminação, surge um sentimento de amor e de reconhecimento pela vida, por todos os seres que o anteciparam, por todos quantos trabalharam pela modificação das estruturas do mundo, tornando-o melhor, mas não se detém apenas nessa compreensão. Também alarga o amor em direção ao futuro, às sociedades que virão, aos construtores do bem e da fraternidade.

Rompe-se a máscara que oculta o que se é, impondo a aparência que não corresponde aos valores morais internos, mas que deve impressionar, ensejando a autorrealização pessoal.

Buscando a iluminação interior, cada qual observa a melhor maneira de conduzir-se e entrega-se à ação operosa e triunfante da verdade adormecida no imo e necessitada de expandir-se...

Iluminado, já não existe no ser o *ego* separado do *Self,* mas uma perfeita integração de ambos, num processo de cristificação infinita.

Temas para reflexão

919 – Qual o meio prático mais eficaz que tem o homem de se melhorar nesta vida e de resistir à atração do mal?

"Um sábio da antiguidade vo-lo disse: Conhece-te a ti mesmo."

(KARDEC, Allan. *O Livro dos Espíritos.*)

"(...) Em verdade vos digo que se não vos converterdes e não vos fizerdes como crianças, de modo algum entrareis no Reino dos céus.

Portanto, quem se tornar humilde como esta criança, esse é o maior no Reino dos céus.

E qualquer que receber em meu nome uma criança tal como esta, a mim me recebe."

(Mateus, 18: 3 a 5)

11
Epifenômeno da vida e da morte

Vida e morte biológicas • O *Self* imortal
• Fenomenologia transpessoal

Alcançando o estágio de *consciência objetiva*, a um passo da *cósmica*, o ser humano ainda se aturde em considerações a respeito da vida e da morte, essa tradicional dualidade de fenômenos que, em última análise, é apenas a unidade sob dois aspectos considerados, o físico e o espiritual.

Todo o conglomerado celular, que resultou do processo da evolução através dos milhares de séculos, constituído por elementos químicos e orgânicos, no ser humano, não pôde prescindir do *princípio inteligente*, que lhe norteou o desenvolvimento em face do fatalismo de que se constitui.

Procedente de Deus – o Criador –, possui todos os atributos da sua Causa, embora em finitude e relatividade, permitindo-se o despertar de cada potência em fase adequada, graças aos múltiplos fatores propiciatórios da sua manifestação.

Desse modo, em todos os seres sencientes ocorreram modificações, transformações, com o respectivo desabrochar de novas expressões cada vez mais complexas e evoluídas.

Mesmo *adormecido* nos minerais, esse princípio encerra o *mistério* da vida em suas diversas manifestações, desdobrando os recursos gloriosos de que se faz portador.

À semelhança do que ocorre com uma semente minúscula, que traz o germe da vida vegetal que se expressará na multiplicidade de manifestações ao atingir a sua finalidade, após os diversos períodos do processo vital. A princípio dorme no seio do solo, a fim de despertar mediante os fatores mesológicos, intumescendo-se e arrebentando-se, de forma que a vida estuante resulte da morte exterior da forma em que se encontra.

Em face da agressividade do meio externo para onde ruma – pragas e ervas outras daninhas, ventos e chuva, gelo e ardência do sol, animais e seres humanos –, fortalece-se e resiste aos fatores negativos, alcançando o objetivo da sua destinação.

Da mesma forma, o ser humano, em sua vilegiatura multimilenária, armazena resistências para os enfrentamentos que são inevitáveis na sua viagem em direção à glória estelar, superando as agressões e experienciando as lutas para a continuidade do desenvolvimento da vida.

Herdeiro das experiências vivenciadas, insculpem-se-lhe todas as impressões do prolongado período de processamento dos recursos internos, que se vão transformando desde o inorgânico ao orgânico, do inconsciente ao consciente, em decorrência de vigorosos mecanismos de aprendizagem.

Como efeito das incessantes alterações e conquistas, o despertar da consciência dá-se-lhe, não poucas vezes, sob a injunção aflitiva da compreensão da morte, que se encarrega de consumir a forma, deixando impressões penosas nos seus sentimentos.

O vazio da ausência de outrem que lhe constituía uma razão de alegria, de segurança, de bem-estar, de felicidade, transforma-se em angustiosa interrogação a respeito do sentido da vida, em si mesma, em face daquele desaparecimento que lhe dá a impressão de aniquilamento.

Aturdido, ante a reflexão aflitiva, a angústia transforma-se-lhe em depressão e o sentido existencial desaparece-lhe, deixando impressões perturbadoras, que alteram dolorosamente o curso da sua evolução sociopsicológica.

A observação atenta, porém, em torno de tudo quanto existe na face da Terra, pode contribuir em favor de um atenuante para a dor da saudade e do desespero em relação àqueles que foram arrebatados pela morte, como em benefício da preocupação em volta da sua própria *destruição*...

Tudo em a Natureza transforma-se a olhos vistos, não existindo o nada, senão expressões diversas de uma só realidade.

Os átomos alteram as aglutinações que estruturam e dão lugar a outras formas, assim como a energia que sempre a tudo movimenta mantém a constituição causal, apenas alterando-se em expressões variadas.

Por que diante das infinitas mutações e alterações em que tudo se expressa, a vida deveria aniquilar-se? Por que o princípio energético inteligente, organizador e preservador das moléculas que constituem a forma física, tem que se extinguir?

Os inúmeros conflitos, porém, ao longo do tempo, entre fé e pensamento, na Grécia antiga, entre a Religião e a Ciência, nas Idades Média, Moderna e Contemporânea, contribuíram para a conceituação da morte como fim da vida, seu extermínio, impondo novas propostas de entendimento sobre o ser humano e a sua existência.

O divórcio imposto pela razão, que não encontrava explicações lógicas para a manutenção dos postulados das crenças vigentes, fez-se, inevitavelmente, atirando, de alguma forma, o ser humano no abismo da descrença, portanto, facultando-lhe conflitos outros em relação ao comportamento psicológico, social e humano.

A negação da vida tornou-se, para muitos homens e mulheres, uma realidade prazenteira, propiciando a libertação dos caprichos e das imposições religiosas violentas contra a liberdade de pensar, de ser e de agir. Mas não ofereceu maior segurança e harmonia a todos quantos lhe abraçaram os conceitos. Sem meta de garantia para o futuro, além do corpo, atiraram-se na busca do prazer hedonista, no imediatismo, no gozo, com indiscutíveis prejuízos para o seu equilíbrio psicofísico.

A dor não diminuiu de intensidade e o vazio produzido pela morte não se fez preencher de esperança ou de alegria. Pelo contrário, abriu espaços para surdas revoltas, para conflitos profundos, para irreversível melancolia...

Quando se pensava que nada mais poderia alterar a situação, ensejando ao materialismo nas suas variadas expressões qualquer alternativa, eis que o ser humano, guardando no inconsciente profundo a presença de Deus e da imortalidade, prosseguiu investigando...

Tiveram lugar as seguras experiências realizadas pelo Espiritismo, pelas doutrinas psíquicas de ontem e a Psicobiofísica de hoje, entre muitas outras, ora sustentadas pelas transcomunicações instrumentais, trazendo insuspeitas confirmações em torno da inexistência da morte como destruição total e desaparecimento da vida, para outra formulação em torno da indestrutibilidade do *princípio inteligente,* ora apresentando-se como Espírito imortal em totalidade de valores.

Todo esse conjunto ultrassensível de energia que pensa e se constitui no *Self* humano, em decorrência, cada vez mais adquire fortalecimento e sabedoria através das sucessivas reencarnações e plena identificação com o *Arquétipo Primordial* ou Deus, a Fonte Inexaurível da Vida, experimentando paz e felicidade.

A reflexão em torno da imortalidade, destituída dos artifícios e superstições religiosos, favorecem o ser humano com elementos ricos em benefício da saúde emocional e psíquica, de que resultam satisfações emocionais e harmonia fisiológica.

Vida e morte biológicas

A predominância do *ego* no ser humano faz que o seu pensamento gire sempre de forma agradável em torno dos seus únicos interesses, que a sua vida seja plena de prazer e despreocupada em relação a tudo quanto se lhe faz necessário à felicidade. Em decorrência, tudo lhe deve transcorrer de maneira fácil, sem impedimentos nem lutas, como se ele fosse credor apenas de privilégios que não existem.

As aspirações da beleza e do encantamento, dos esforços pelo conseguir, constituem atividades pertencentes ao *Self,* que se enriquece de sabedoria para manter-se harmonizado com as ocorrências existenciais.

Quando a vida se expressa inteligente e o discernimento começa a conduzir os atos, de acordo com a constituição emocional de cada um, no nível racional, a dúvida também se lhe apresenta, oferecendo a melhor medida para a avaliação da realidade, para a libertação da fantasia, para a aquisição do equilíbrio.

A dúvida é uma saudável reflexão enquanto mantém-se natural, sem os prejuízos sistemáticos da não crença, por capricho ou rebeldia, em decorrência do intelectualismo exagerado ou da presunção reprochável.

Enquanto o fenômeno da inteligência discerne, surgem parâmetros novos que facilitam a observação e as conclusões dos fatos analisados, ampliando a capacidade da compreensão e da evolução do pensamento.

A vida e a morte biológica não são pontos extremos que iniciam e encerram a existência humana em especial. Antes constituem estágios de condensação e de desagregação molecular, como fenômenos transitórios da realidade da vida.

O oposto de morte não é vida, mas renascimento...

Compreensivelmente, as sensações objetivas do contato corporal, as manifestações dos sentidos físicos imprimem-se de maneira forte nas *tecelagens sutis* do *Self* que se adapta à situação, especialmente em decorrência de uma larga jornada terrestre. Em sentido oposto, a ausência dessas sensações, quando não transformadas em emoções superiores, gera impressões de aniquilamento.

O apego, portanto, à forma física, na qual se movimenta o ser humano na esfera orgânica, converte-se em sentimento de vida, de presença, de ação. Mas a vida biológica não é somente o que se percebe, aquilo que se decodifica pelas sensações e emoções, mas todo o turbilhão dos fenômenos automáticos – inconscientes – e dirigidos – conscientes – pelos neurônios e diversos sistemas nervosos que preservam a funcionalidade da maquinaria fisiológica.

O desconhecido, que seria o encontro decorrente da morte, produz o medo, que já se encontra embutido no inconsciente herdado das gerações passadas, tornando-a insuportável, indesejável, perversa.

Apesar desse conceito, a morte é portadora de grande valor, qual seja o de libertadora da vida fisiológica.

Não a houvesse, e a existência física se tornaria temerária, cruel, por não cessar na forma que se desgasta com o tempo, nas transformações que se operam na organização fisiológica, no suportar das desgraças, das enfermidades dilaceradoras e das infelicidades que se eternizariam...

O importante, nessa questão, é como a mesma transcorre durante a sua vigência, facultando ao ser humano as conquistas, as realizações, os investimentos morais, sociais, intelectuais, artísticos, religiosos, as atividades a que cada um se entrega.

A interrupção dessas ocorrências é fenômeno biológico natural, que acontece em todo processo vital, periodicamente transformando-se, constantemente alterando-se.

As ciências médicas e farmacológicas, as doutrinas psicológicas e as éticas, bem como outras ciências e a tecnologia têm contribuído eficazmente para tornar a vida melhor, modificando antigos programas de destruição, de sofrimento, de infelicidade.

Houve, sem dúvida, na sucessão dos anos, um prolongamento saudável da organização fisiológica, e as técnicas cirúrgicas acompanhadas de outros inestimáveis recursos genéticos, tornam, a cada dia, mais agradável e compensadora a existência na Terra.

Os graves problemas existentes ainda são proporcionados pela criatura, em si mesma inquieta, egoísta, enferma emocionalmente, que não se deu ao esforço de identificar os deveres que lhe dizem respeito, derrapando em transtornos graves e distúrbios de complexo controle, necessitados de terapêuticas especializadas, cuidadosas, e de longo curso.

Quando se adquire o sentido do amor pela vida, alargam-se os horizontes que se iluminam de alegria e beleza, favorecendo com tesouros inimagináveis de saúde e paz.

O amor é a terapia preventiva e curadora para os inúmeros males que desestruturam o ser humano e o afligem.

Interiorizar-se, cada qual, a fim de tentar encontrar as finalidades iniludíveis da vida física, os compromissos que devem ser atendidos, as realizações que aguardam o momento adequado para a sua execução, a autoiluminação, é tarefa que não pode nem deve ser postergada. Ninguém realizará esse mister por outrem, por mais expressivo e nobre seja-lhe o amor, pois que se trata de labor pessoal intransferível, de autoconsciência somente adquirida pelo esforço pessoal.

A vida física, biológica, portanto, apresenta-se por um período de curta ou larga duração, porém, sempre transitório. Enquanto transcorre pode parecer longo, abreviando-se, desde que seja ultrapassado o tempo linear...

A morte é o fenômeno que se encarrega dessa modificação de estruturas, abrindo um novo campo de experiências educativas.

Sendo uma fatalidade orgânica, acontece com ou sem a anuência do ser humano, podendo ser postergada, mas nunca evitada. Aliás, pensa-se muito em impedir-lhe o curso, utilizando-se de expedientes curiosos uns, esdrúxulos e inócuos outros.

Narra-se que um jovem servia com dedicação a um amo generoso e amigo.

Habituado ao uso de uma substância aromática em que se comprazia, diariamente mandava o servo adquiri-la na praça do mercado, onde era vendida em quantidade e sempre renovada, possuidora de boa qualidade.

Certo dia, o jovem sonhador dirigiu-se ao lugar, como o fazia habitualmente, quando, de repente, foi surpreendido por estranha personagem enlutada, carregando uma foice segadora de vidas, que o defrontou com olhar apavorante e surpreso.

Ante o seu espanto, a megera tomou de uma caderneta que trazia num bolso interno, virou as páginas, mas antes que concluísse a sua busca, o moço recuperou-se e partiu em disparada de retorno ao lar.

Ali, narrou ao amo a experiência terrível de que fora objeto, informando que tinha certeza tratar-se da Morte que viera buscá-lo. Expôs-lhe que era jovem e desejava ter prolongada a vida. Como a perversa estava naquela cidade ele desejava fugir para outra, onde não seria alcançado pela sua crueldade.

O amo gentil aquiesceu, emprestou-lhe uma alimária e o moço partiu para a cidade onde pretendia resguardar-se.

Sem a substância, na tarde daquele mesmo dia, o senhor resolveu adquiri-la pessoalmente, e quando se acercou do local, foi surpreendido pela mesma estranha visitante.

Tomado de coragem, perguntou-lhe porque o perturbava pela segunda vez, naquele mesmo dia, desde que, pela manhã, assustando o seu servo, e naquela hora, ameaçando-o sem palavras.

Justificando-se, a Morte elucidou que não tinha por objeto perturbar ninguém. Ela, sim, que estava surpresa, quase assustada, porquanto, ao encontrar o rapaz, pela alva, naquela cidade, ficara sem entender o compromisso que tinha, porque estava certa de que lhe deveria arrebatar o Espírito, ao entardecer, porém, não ali, mas sim, noutro lugar, cujo nome declinou...

Era exatamente a cidade para onde o jovem se evadira.

Ninguém, portanto, que se possa esconder daquilo que se encontra no seu mundo interior, qual ocorre com a morte da vitalidade mediante a transformação das moléculas que constituem o organismo.

O *Self* IMORTAL

Jung informou que *"O Self representa o objetivo do homem inteiro, a saber, a realização de sua totalidade e de sua individualidade, com ou contra sua vontade. A dinâmica desse processo é o instinto, que vigia, para que tudo o que pertence a uma vida individual figure ali, exatamente com ou sem a concordância do sujeito, quer tenha consciência do que acontece, quer não.*

Esse *Self* começa a alicerçar-se a partir dos rudimentos do instinto, quando surgem os pródromos daqueles de natureza primária e a individualidade passa a ter início. Equivale a dizer que o *princípio inteligente* expressando a procedência divina, que se lhe encontra ínsita, apresenta as primeiras características da sensibilidade, das futuras personalidades, quando transitará pelas diferentes e incontáveis experiências reencarnacionistas.

Em cada abismo desse começo, no qual tudo é sombrio e sem discernimento, os fenômenos automáticos da evolução fixaram as necessidades que se apresentavam como impositivos do processo de desenvolvimento das suas estruturas íntimas em incessante avanço para a aquisição da consciência e do pensamento.

Todo um arquipélago de impressões que se agigantavam facultaram o surgimento da sensibilidade, desenvolvendo as futuras emoções, assim iniciando-se o grandioso processo que atingiu a humanização, etapa honorável da vida, quando o pensamento racional alcançou o apogeu, facultando à criatura a compreensão das infinitas possibilidades de que dispõe para a conquista do Universo.

Armazenando experiências que se converteram em recursos de mais amplo desenvolvimento, as marcas dos fracassos morais, dos compromissos malsucedidos, das realizações não executadas ressumam como conflitos e sofrimentos que o buril da retificação em forma de dor consegue corrigir e sanar.

Enquanto a lucidez mental proporciona a culpa em relação aos pensamentos, palavras e atos infelizes, ela insculpe-se no inconsciente e transfere-se de uma etapa a outra, dando origem aos conflitos e distúrbios de conduta, de que se libera mediante a recuperação emocional e espiritual.

As graves repetições do instinto, especialmente o procriativo, passando à etapa das sensações e dos sentimentos do amor, quando deturpado, apresentar-se-ão, mais tarde, em forma de insegurança sexual, incompletude, frustração e complexos outros que se associam, atormentando e retirando o prazer existencial.

O medo atávico responde por outros aspectos doentios do comportamento, dando lugar à desconfiança, à angústia, à ansiedade, que se transformam em transtornos aflitivos.

Outros fatores resultantes dos fenômenos evolutivos geram conflitos e alienações tormentosas, que se impõem necessitadas de recuperação.

A consciência, porém, do Si *mesmo,* enseja a elaboração dos projetos de equilíbrio emocional, mediante a educação dos impulsos primitivos, transformando-os em expressões de ordem e de valor, graças à qual a harmonia instala-se em forma de saúde psicofísica, trabalhando a imortalidade em triunfo que lhe está destinada pelos Soberanos Códigos da Vida.

A conquista da individualidade consciente é o imenso desafio da evolução do *Self,* que se liberta, a pouco e pouco, dos impulsos grosseiros, muito úteis nas faixas primárias do processo por onde vem transitando, mas perturbadores quando o pensamento desata a razão e sente a necessidade de avançar para a intuição.

O estado *numinoso,* para ser alcançado, exige esforços contínuos, rompendo as cargas emocionais mais fortes, decorrentes da animalidade existencial, de maneira que a angelitude ou realização da paz dinâmica e afetiva se torne uma vitória pessoal libertadora.

Convimos afirmar, portanto, que o *Self*, ou Espírito criado por Deus, não pode fugir à sua fatalidade imarcescível na conquista da perfeição.

Desde os primeiros influxos de energia que se aglutinam em faixas vibratórias até ao elevado nível da razão e da Consciência Cósmica, tudo decorre em forma de complexidades inteligentes que defluem da Causa Absoluta, sempre se apresentando mais organizada e lúcida.

É natural, portanto, que não cesse de existir, mesmo quando ocorre a consumpção ou transformação das moléculas e células pelas quais se expressam os sentimentos, as sensações, o pensamento.

Graças a essa destinação, o progresso, sob todos os aspectos considerados, ocorre em expressão geométrica, através da qual cada conquista enseja novos campos de realização e possibilidades múltiplas de apresentação.

A partir dos *insights*, na vigência do primarismo onde se formava, prosseguindo nas percepções extrafísicas e na compreensão dos conteúdos abstratos pelo pensamento, o *Self* evoluiu, adquirindo independência, preexistente que é à organização fisiológica dos seres humanos, portanto, sobrevivendo às conjunturas naturais da desarticulação dos campos de matéria pelos quais se expressa.

No fenômeno da morte, as características da vida permanecem imutáveis, ou melhor esclarecendo, no mundo vibratório onde se iniciam as manifestações da existência humana há toda uma organização pulsante, real, tornando-se as formulações conhecidas no campo terrestre uma cópia sua, ainda que imperfeita.

Desse modo, a vida estrutura-se em etapas que se denominam como nascimento, existência, morte, vivência, renascimento e novos estágios para a aquisição de mais conhecimentos norteadores para a sublimação da forma e a plenitude da essência.

A morte, como atividade destrutiva, negaria todas as conquistas da própria Natureza, na implantação das formas e expressões viventes que se deparam por toda parte. Seria a aceitação tácita e irracional de que o nada produziu tudo para logo retornar ao não existente, consumindo a inteligência e a pulsação vital do Universo, que tornaria ao caos do princípio...

Há, indubitavelmente, ordem, mesmo quando em aparente caos, equilíbrio nas estruturas nucleares, harmonia no conjunto das leis de gravitação, de eletromagnetismo, nucleares fortes e nucleares fracas, demonstrando a presença de uma Inteligência providencial e sábia que tudo elaborou.

Por que, ao ser humano, após todos os milhões de anos de desenvolvimento, estariam destinados a desestruturação e o aniquilamento?!

A inteligência existe sem os mecanismos cerebrais que a exteriorizam, da mesma forma que as estrelas antes da descoberta dos telescópios, e a vida micro-orgânica antes dos sofisticados microscópios.

O pensamento, assim como a inteligência e a consciência, são expressões do *Self* imortal, que as neurocomunicações transferem para o mundo externo, facultando o intercâmbio entre os indivíduos, o mesmo ocorrendo nas esferas por onde deambulam os outros animais.

Felizmente, a Psicologia Transpessoal também conseguiu encontrar a realidade ou a causa dos fenômenos perturbadores fora da existência atual, quando se deram as ocorrências dolorosas que se apresentam em forma aflitiva.

Encontradas as gêneses, naturalmente as terapias recuperadoras logo trabalham em favor da cessação dos efeitos.

Concomitantemente, são identificados os significados morais como de relevante importância para a saúde humana, estabelecendo-se os códigos de equilíbrio entre ação e reação, conduta e vida, atitudes mentais e físicas em correspondentes processos de harmonia e de distúrbio.

A proposta de Jesus, o Psicoterapeuta por excelência, conclamando a que somente se deve fazer ao próximo aquilo que se deseja que este lhe faça, estabelece uma diretriz valiosa de segurança em favor da saúde integral como defluente do amor em toda a sua extensão.

Essa preciosa conquista psicológica trabalha a mente humana para novos passos no campo ético e no do comportamento social, demonstrando que os relacionamentos pessoais são expressões de intercâmbio emocional e espiritual, nos quais o respeito, a honorabilidade, o sentimento fraternal, a compaixão e o amor desempenham papel fundamental para a preservação do grupo em harmonia.

De alguma forma, as modernas psicoterapias vão substituindo o classicismo em que se apoiavam para ampliar as técnicas espirituais de compreensão profunda do ser humano, sempre carente de amizade e de intercâmbio emocional.

Um grande conforto moral, por efeito, decorre da compreensão de tal conduta, propiciando alegria de viver, libertação do medo da morte, conforto e esperança em torno das realizações incomparáveis que o progresso impõe, facultando a certeza de que uma tarefa que ficou interrompida pela ocorrência da desencarnação poderá ser continuada posteriormente, quando de outra investidura carnal.

Em consequência, a temporalidade da existência humana engrandece-se e agiganta-se no rumo do infinito, além da forma, das circunstâncias, dos fatores de perturbação e de paz, inspirando novos programas de felicidade sem jaça, em face da imortalidade do *Self*.

Um novo perfil da vida na Terra se desenha abençoado para o homem e a mulher equipados de conhecimentos morais e de experiências espirituais, que compreendem os valores legítimos das coisas e das pessoas com quem convivem, em compreendendo a magnitude de tudo quanto existe e a sua destinação imortal.

Cada etapa vencida faculta-lhes novo campo de realizações.

Passo a passo, sem angústia pelo que foi feito nem ansiedade pelo que se poderá fazer, há ensejo de renovação de propósitos e de afirmação de ideais.

A morte, vencida pela realidade, oferece magnífica paisagem de conquistas siderais, que jamais serão encerradas...

É bem provável que, por essa razão, o apóstolo Paulo exclamou: *"Onde está, ó morte, a tua vitória? Onde está, ó morte, o teu aguilhão?"*. (I Coríntios, 15: 55.)

A vitória do *Self* é a sua imortalidade.

Fenomenologia transpessoal

Nas últimas décadas, os estudos em torno da paranormalidade humana facultaram a descoberta de inúmeros fenômenos que dizem respeito à vida, remontando a mais antiga manifestação antropológica.

Assevera o Dr. Joseph Banks Rhine, considerado pai da moderna Parapsicologia, que as funções *psi*, incontestavelmente são reais, ensejando a descoberta de possibilidades em torno das faculdades paranormais dos seres, perfeitamente vinculadas à vida, incluindo alguns animais que têm demonstrado possuí-las de alguma forma, consoante constatações em laboratório.

Desse modo, ainda segundo o eminente pesquisador americano, deve ter surgido na fase primária da evolução, de maneira inconsciente, em forma primitiva.

E, aprofundando a sonda do seu pensamento, interroga: *Não estaria relacionado (o fenômeno Psi) com as forças básicas que organizam a vida, com essas energias que dirigem a estruturação da célula e o padrão da forma, e o crescimento dos organismos complexos em todo o domínio da natureza vivente?*[7]

É certo que o *Self* precedendo à formação celular, conduz em essência todas as faculdades que dizem respeito ao ser na busca da sua realização completa.

Antes da linguagem, da conquista da razão, e mesmo antes do surgimento das funções sensoriais, já se encontra em germe essa faculdade que permite o alargamento da compreen-

---

[7] *Nuevo Mundo de la Mente*, Editorial Paidos, Buenos Aires, Argentina, 1958 (nota da autora espiritual).

são em torno do ser, do seu destino, da finalidade existencial na transitória jornada física.

Outros estudiosos, na área paleontológica, concluem que sempre existiu uma conduta xamânica, a partir do período paleolítico, que favoreceu o desenvolvimento do culto religioso, inspirada pelos desencarnados, especialmente entre os paleantropídeos, que deixaram, nas figuras rupestres, os sinais inequívocos das suas vivências dessa e de outra natureza.

Outrossim, a forma como cuidavam dos seus mortos, a preocupação em inumá-los de maneira que consideravam condigna, do que surgiu o *culto das pedras e dos crânios,* por acreditarem que estes últimos sediassem os Espíritos dos desencarnados, confirma a assertiva.

Somos, pessoalmente, de opinião que, à medida que o pensamento desenvolvia-se, o intercâmbio de natureza espiritual tornava-se cada vez mais evidente, tosco e primário, no qual os sobreviventes retornavam para orientar os que ficaram, ao tempo em que atendiam as *necessidades* brutais do seu estágio também primitivo, exigindo os holocaustos e submetendo os demais à observância das suas imposições mediante o temor que impunham.

É compreensível que a Providência Divina permitisse a ocorrência ainda grosseira, por ser o método adequado ao nível de pensamento dos encarnados.

Essa herança foi transferida geneticamente através do *inconsciente coletivo* às gerações porvindouras, originando os *estados alterados de consciência,* especialmente quando da ocorrência dos fenômenos *psi: gama, kapa e theta.*

Posteriormente, as culturas orientais passaram a praticar a comunicação com os denominados mortos, originando-se as celebrações religiosas com grande complexidade e aparato, para atender aos diferentes níveis de evolução e conhecimento em torno da vida.

Não existiu um povo, no qual não haja ocorrido a fenomenologia transpessoal, ora de natureza mediúnica (fenômeno *psi theta*) ou de características anímicas (fenômenos *psi gama* – intelectuais – e *psi kapa* – materiais.)

Evidentemente, os fenômenos mediúnicos tanto ocorreram na área intelectual como naquela de natureza ectoplásmica, ensejando a *materialização*, portanto, a tangibilidade dos falecidos de retorno, conforme a narração bíblica a respeito da evocação de Samuel, último dos juízes de Israel, pelo rei Saul, através da pitonisa do En-Dor. (I Samuel, 28: 7–20)

A Bíblia – O Velho Testamento – é um manancial inesgotável de fenômenos paranormais de toda natureza, culminando em *O Novo Testamento*, com as revelações paranormais a respeito do Messias e toda a trajetória de Jesus assinalada pelas comunicações espirituais, pelas manifestações das diversas expressões *psi*.

Xenofonte, Plutarco, Pitágoras, Sócrates, Júlio César e muitos outros historiadores, filósofos, mentalistas, militares, artistas, referem-se, nos mais diversos períodos históricos da Humanidade, aos fenômenos transpessoais com riqueza de detalhes, que surpreendem, e pela dignidade dos narradores, infensos às crenças, salvadas algumas exceções...

Os santuários dos muitos povos, celebrizando-se o de Delfos, foram escolas de iniciação e de xamanismo, caracterizando-se pelos fenômenos paranormais que se tornaram populares, desde Moisés, no Egito, aos modernos investigadores...

Nesse ínterim, Albertus Magnus, Meister Eckart, Tohmas Kenpis, Paracelso, e especialmente Allan Kardec, dedicaram-se à investigação das faculdades paranormais do ser humano, constatando-lhes a legitimidade através da riqueza dos fenômenos da sobrevivência do Espírito à disjunção molecular.

O curioso é que têm sido os considerados mortos que têm mantido o interesse em demonstrar a sua sobrevivência ao túmulo, dando lugar às comunicações de vária denominação, através das quais muitos conflitos psicológicos podem ser compreendidos e analisados, ao tempo em que terapias alternativas modernas são utilizadas para saná-los.

Ademais dessa valiosa contribuição, a crença lúcida e racional na sobrevivência da consciência à disjunção dos neurônios cerebrais, constitui uma valiosa contribuição psicoterapêutica preventiva e curadora a muitos tormentos que se instalam no imo dos seres humanos, defluentes do medo da morte e da vida.

Sem qualquer contestação já é possível aceitar-se com serena convicção as ocorrências de natureza parapsíquica, quais a telepatia, a clarividência, a pré e a retrocognição, a interferência do psiquismo em fenômenos físicos, a ação poderosa dos placebos e dos nocebos nas questões da saúde, em decorrência da autossugestão, abrindo espaço para a compreensão em torno dos fenômenos espirituais, das comunicações extrafísicas.

O *gene de Deus* de que todos os seres humanos são possuidores, conduz a carga vigorosa da imortalidade, produzindo a crença natural, embora a crença religiosa seja consequência da cultura, da convivência social e educacional, conforme já referido.

A imortalidade do Espírito elucida inúmeras dificuldades de explicação lógica em torno de ocorrências psicológicas, como as que dizem respeito à simpatia e à antipatia, embora as formulações fisiológicas existentes, ao *déjà-vu, déjà-senti, déjà-raconté*, cujas psicogêneses se encontram em existências passadas, que deram lugar ao seu surgimento.

O homem primitivo apenas temia, não acreditando nem compreendendo os fenômenos existenciais que o envolviam, assim como os da Natureza, e foi da observação, da sua repetição incessante, que nele surgiram a percepção, o entendimento, o arquétipo, que o seguiriam geração após geração, transformando-se em parte integrante da sua realidade.

Lamentavelmente, alguns religiosos atormentados e mais tendentes ao fanatismo castrador e à insolência decorrente dos seus transtornos de conduta, estabeleceram ritos e cerimônias que tornaram o fenômeno da fé tormentoso e complicado, quando, na sua essência, é muito simples e destituído de quaisquer complexidades.

A imortalidade, portanto, é o destino da vida em todas as suas expressões, embora as contínuas transformações e mudanças inevitáveis do processo de evolução.

Temas para reflexão

"(...) Demonstrando a existência e a imortalidade da alma, o Espiritismo reaviva a fé no futuro, levanta os ânimos abatidos, faz suportar com resignação as vicissitudes da vida. Ousareis chamar a isto um mal?..."

(KARDEC, Allan. *O Livro dos Espíritos*, quarta parte, Conclusão III.)

"Declarou-lhe Jesus: Eu sou a ressurreição e a vida; quem crê em mim, ainda que morra, viverá."

(João, 11: 25)

Este livro foi impresso na
LIS GRÁFICA E EDITORA LTDA.
Rua Felício Antônio Alves, 370 – Bonsucesso
CEP 07175-450 – Guarulhos – SP
Fone: (11) 3382-0777 – Fax: (11) 3382-0778
lisgrafica@lisgrafica.com.br – www.lisgrafica.com.br